# essentials

*essentials* liefern aktuelles Wissen in konzentrierter Form. Die Essenz dessen, worauf es als „State-of-the-Art" in der gegenwärtigen Fachdiskussion oder in der Praxis ankommt. *essentials* informieren schnell, unkompliziert und verständlich

- als Einführung in ein aktuelles Thema aus Ihrem Fachgebiet
- als Einstieg in ein für Sie noch unbekanntes Themenfeld
- als Einblick, um zum Thema mitreden zu können

Die Bücher in elektronischer und gedruckter Form bringen das Expertenwissen von Springer-Fachautoren kompakt zur Darstellung. Sie sind besonders für die Nutzung als eBook auf Tablet-PCs, eBook-Readern und Smartphones geeignet. *essentials:* Wissensbausteine aus den Wirtschafts-, Sozial- und Geisteswissenschaften, aus Technik und Naturwissenschaften sowie aus Medizin, Psychologie und Gesundheitsberufen. Von renommierten Autoren aller Springer-Verlagsmarken.

Weitere Bände in dieser Reihe http://www.springer.com/series/13088

Urs Frey

# Mit Strategie zum unternehmerischen Erfolg

## Wie Sie Zeit sparen, Ressourcen wirkungsvoll einsetzen und Ihre Ziele umsetzen

Dr. Urs Frey
St. Gallen, Schweiz

ISSN 2197-6708 ISSN 2197-6716 (electronic)
essentials
ISBN 978-3-658-14832-4 ISBN 978-3-658-14833-1 (eBook)
DOI 10.1007/978-3-658-14833-1

Die Deutsche Nationalbibliothek verzeichnet diese Publikation in der Deutschen Nationalbibliografie; detaillierte bibliografische Daten sind im Internet über http://dnb.d-nb.de abrufbar.

Springer Gabler


Gedruckt auf säurefreiem und chlorfrei gebleichtem Papier

Springer Gabler ist Teil von Springer Nature
Die eingetragene Gesellschaft ist Springer Fachmedien Wiesbaden GmbH

# Was Sie in diesem *essential* finden können

- Eine Einführung zum Thema Strategieentwicklung
- Klare Aufgabenstellungen mit deren Hilfe der Leser eine einfache Strategie für sein Unternehmen entwickeln kann
- Tipps und Anregungen aus der Praxis
- Hinweise, wie der Leser strategisches Denken im Alltag anwenden kann

# Vorwort

Wenn ich mit Unternehmern über Strategie spreche, meinen die Optimisten unter ihnen, sie würden sich darum kümmern, wenn sie Zeit hätten. Die großen Skeptiker versuchen mit dem Hinweis „nur etwas für Große", jegliche Strategiediskussion im Keim zu ersticken, und widmen sich wieder dem Wälzen von Problemen. Die besonders Gewieften verweisen auf das kreative Potenzial des freien Geistes, die Dynamik der Wirtschaft, die so und so nichts planbar machen würde, oder versuchen mich mit der Aussage eines Meisterstrategen, Herrn Napoleon Bonaparte persönlich, zu schlagen: „Wer von Anfang an genau weiß, wohin sein Weg führt, wird es nie weit bringen", soll dieser einmal gesagt haben.

In diesem Fall muss ich dann meist ein wenig ausholen. Etwas, das ich in diesem Buch ganz und gar unterlassen habe. Dafür habe ich versucht, mich auf das Wesentliche zum Thema Strategie zu beschränken. Auf das, was Ihnen weiterhilft, in sehr überschaubarer Zeit, etwa an einem produktiven Abend, eine Strategie für Ihr Unternehmen zu erstellen. Ich habe mich bemüht, all die schönen Theorien und Hintergründe, die ich Ihnen als Wissenschaftler so gerne erzählen würde, wegzulassen und nur das niederzuschreiben, was Sie als Praktiker für Ihre Strategie wirklich brauchen. Das Ergebnis sind neun einfache Aufgaben, die Sie zu Ihrer Strategie und Ihrem Maßnahmenplan führen.

Wenn Sie es doch genauer wissen wollen – worüber ich natürlich sehr erfreut wäre –, dann könnten Sie in jenem Buch nachlesen, das diesem Essential zugrunde liegt: „Vertrauen durch Strategie" ist ein Fachbuch, das davon erzählt, wie Klein- und Mittelunternehmen (KMU) eine Strategie einfach entwickeln und damit Vertrauen aufbauen können. Im Unterschied zu diesem *essential* stellt dieses Buch auch die dahinterliegenden Theorien vor und bietet zudem noch ausführlichere Information zur Strategieumsetzung. Verweise in diesem *essential* lassen Sie wissen, wenn Sie dort vertiefend nachlesen können.

Und wenn Sie interessiert daran sind, wie ich mit Napoleon argumentiere, dann schreiben Sie mir am besten eine E-Mail an: info@urs-frey.com. Darüber freue ich ich übrigens auch, wenn Sie Fragen zu Ihrer Strategie oder Feedback zum vorliegenden *essential* haben.

Vorerst jedoch lade ich Sie dazu ein, sich auf Ihre Strategieentwicklung einzulassen – auch wenn Sie nicht genau wissen, wohin Sie das führen wird. Aber wie Napoleon schon sagte: „Wer von Anfang an genau weiß, wohin sein Weg führt, wird es nie weit bringen."

Ganz egal, ob Unternehmer oder Unternehmerin – eine Strategie wird Ihnen immer weiterhelfen! Wird in diesem Buch nur die männliche Form verwendet, dient dies der Leserlichkeit und soll keinesfalls Frauen gegenüber Männern diskriminieren!

Viel Spaß beim Lesen und der Entwicklung Ihrer Strategie!

St. Gallen, Schweiz Urs Frey

# Inhaltsverzeichnis

**1 Warum Sie mit Strategie weiterkommen** ........ 1
1.1 Strategiearbeit als Weg und Lernprozess ........ 3
1.2 Was Sie für Ihre Strategiearbeit benötigen ........ 6

**2 Strategieentwicklung für Sie und Ihr Unternehmen** ........ 7
2.1 Analyse der Ausgangslage ........ 11
2.1.1 Definieren Sie Ihren Kontext! ........ 12
2.1.2 Finden Sie Ihre Stärken und Schwächen! ........ 13
2.1.3 Analysieren Sie die Bedürfnisse Ihrer Kunden! ........ 17
2.1.4 Werfen Sie einen Blick auf Ihre Konkurrenz! ........ 19
2.1.5 Entdecken Sie Chancen und Gefahren für Ihr Unternehmen! ........ 21
2.1.6 Stoßen Sie auf noch mehr Chancen und Gefahren in Ihrer Unternehmensumwelt! ........ 23
2.2 Entwicklung der strategischen Stoßrichtungen ........ 27
2.3 Ausarbeitung Ihrer Strategie ........ 31
2.3.1 Ihre Vision – es darf geträumt werden ........ 32
2.3.2 Ihr Maßnahmenplan – nun muss gearbeitet werden! ........ 34

**3 Worauf es bei der Umsetzung Ihrer Strategie ankommt** ........ 39

**Literatur** ........ 43

# 1 Warum Sie mit Strategie weiterkommen

Ganz egal, ob Sie sich in der Gründungsphase Ihres Unternehmens oder bereits ein paar Jahre am Markt befinden, Sie werden feststellen, dass Ihr Unternehmen viel von Ihnen abverlangt. Sie sollten für alles eine Antwort haben, stets auf der Hut sein, stehen unter einem gewissen Erfolgsdruck, immerhin müssen auch Rechnungen bezahlt werden und ganz nebenbei erwartet man von Ihnen noch, kreativ und innovativ zu sein. Beschäftigen Sie Mitarbeiter, kommt noch ein gehöriges Maß an Verantwortung hinzu. Ihre Mitarbeiter vertrauen Ihrer unternehmerischen Professionalität, die Ihnen ein zumindest mittelfristig gesichertes Einkommen bescheren soll.

Ihr Unternehmen hält Sie auf Trab! Allem voran auch deshalb, weil es Ihnen ständig Entscheidungen abverlangt. Das beginnt bei kleinen Dingen wie der Auswahl von Kundengeschenken oder der Formulierung Ihrer Weihnachtsgrüße für Ihre Kunden und endet bei großen strategischen Fragen wie dem Erwerb einer neuen Produktionsmaschine. Immer und immer wieder müssen Sie Nutzen und Kosten abwägen, Angebote vergleichen, Konsequenzen vorhersehen und letzten Endes eine Entscheidung treffen. Haben Sie hier für sich kein großes Bild des Ganzen, kein Wertesystem oder Grundsätze, denen Sie sich verpflichten möchten, kein erklärtes Ziel, auf das Sie zusteuern, stehen Ihnen bei jeder Entscheidung alle, wirklich alle Türen offen. Meine Erfahrung hat gezeigt, dass Ihnen dieses enorme Ausmaß an Freiheit in Ihrem Unternehmertum eher zur Last werden kann. Es wird Ihre Entscheidungswege tendenziell verlängern und das Risiko erhöhen, dass Sie widersprüchliche Entscheidungen treffen.

Lassen Sie mich dieses Phänomen an einer ganz alltäglichen Situation erklären. Nehmen wir an, Sie möchten oder müssen den Lebensmitteleinkauf für die kommende Woche für Ihren Haushalt erledigen. Der Supermarkt eröffnet Ihnen alle Möglichkeiten: Sie erhalten frei nach Ihren Gelüsten alles, von der



U. Frey, *Mit Strategie zum unternehmerischen Erfolg,* essentials,
DOI 10.1007/978-3-658-14833-1_1

mexikanischen Guacamole, über japanisches Sushi bis hin zu heimischen Würstchen. Haben Sie bei Ihrem Vorhaben kein erklärtes Ziel vor Augen, das heißt, haben Sie sich keine Gedanken gemacht, was Sie in der kommenden Woche gerne kochen würden, wird sich Ihr Einkaufswagen mit Dingen füllen, die Sie in diesem Moment gerne hätten. Ob diese kompatibel sind, sich Gerichte daraus zubereiten lassen, die Haltbarkeit der Waren einen einwöchigen Speiseplan möglich macht, sei dahingestellt. Ich behaupte – und ich kenne das aus eigener Erfahrung –, dieser Einkauf wird mehr Zeit in Anspruch nehmen, als wenn Sie mit einer Einkaufsliste durch die Regalgänge gebraust wären, Sie mehr Geld kosten und unter Umständen für einen etwas abenteuerlichen Speiseplan sorgen, der mit hoher Wahrscheinlichkeit neuerliches Zukaufen von bestimmten, noch fehlenden Zutaten notwendig machen wird.

Selbst wenn Sie in der glücklichen Lage sind, diese Aufgabe nur in den seltensten Fällen erledigen zu müssen, werden Sie die Vorteile von zielgerichtetem Handeln erkennen. Sie werden mir hoffentlich auch zustimmen, dass zielgerichtetes Handeln nicht nur etwas für Großunternehmen und internationale Konzerne ist. Zielgerichtetes Handeln macht Sie effizienter, erfolgreicher und damit auch selbstbewusster – im Privaten wie in Ihrer Tätigkeit als Unternehmer. Sie sollten daher auch als Einzelunternehmer Zielorientierung ernst nehmen! Denn letzten Endes geht es für Sie darum, Ihre Ressourcen so einzusetzen, dass der größtmögliche Mehrwert für Sie und Ihr Umfeld entstehen kann. Das bedeutet, dass Sie das verändern müssen, was Sie verändern können, dort wirken müssen, wo Ihre Stärken liegen, und Hilfe in Anspruch nehmen oder Kooperationen mit Dritten suchen sollen, wo Ihre Schwächen sind. Unter Umständen kann das auch bedeuten, bewusst kalkulierbare Risiken eingehen zu müssen.

Sich Ziele zu setzen und zu verfolgen beschreibt nicht nur den Weg eines Unternehmens, sondern hilft Ihnen auch in allen anderen Lebenslagen, sich zu orientieren. Eine Strategie verleiht Ihnen diese notwendige Zielorientierung. Eine Strategie setzt die grundsätzliche Marschrichtung für Sie bzw. Ihr Unternehmen für die nächsten drei bis fünf Jahre fest. Dort kommunizieren Sie Ihre grundsätzlichen unternehmerischen Fähigkeiten, Schwerpunkte und Prioritäten. Sie gibt Ihnen und vor allem auch Ihren Mitarbeitern Orientierung, wohin die Reise gehen soll. In Ihrem Unternehmensalltag wird Ihnen die Strategie helfen, konkrete Entscheidungen für das operative Geschäft zu fällen (siehe dazu auch Frey 2016, Abschn. 2.3).

## 1.1 Strategiearbeit als Weg und Lernprozess

So wenig statisch, wie sich Ihre Umwelt zeigt, so wenig, wie Sie Ihrem Ich vor fünf Jahren noch entsprechen, so wenig Gültigkeit wird Ihr Strategiepapier in fünf Jahren haben, wenn Sie es jetzt erstellen und dann zufrieden in einer Schublade verschwinden lassen. Ihre Strategie soll Sie auf Ihrem Weg in Ihre unternehmerische Zukunft begleiten, Ihnen eine Richtung vorgeben, helfen, das Ziel nicht aus den Augen zu verlieren, muss aber gleichzeitig auch offen für Veränderungen und Entwicklungen sein. Bleiben Sie trotz Ihrer Zielorientierung flexibel, insbesondere dann, wenn Sie sich zum ersten Mal konkret mit Strategie auseinandersetzen! Akzeptieren Sie, dass Sie im Laufe der kommenden fünf Jahre viel lernen, erfahren und neu überdenken werden müssen. Bewerten Sie hier ein gewisses Maß an Anfängertum, Experten sprechen auch von Inkompetenz, nicht negativ, sondern sehen Sie Ihr Unternehmertum als Reise und Ihre Strategiearbeit als Lernprozess.

Mit der nötigen Zielorientierung und Sensibilität, die Ihnen Ihre Strategie verleiht, können Sie sich von einer gewissen, zum Teil unbewussten oder bewussten Inkompetenz verabschieden und bewusste Kompetenz aufbauen! Sobald Sie beginnen, Ihr Unternehmen, Ihre Umwelt, Ihre Kunden und Konkurrenten einmal gezielter zu betrachten, werden Sie bemerken, wo Chancen auf Sie warten und Gefahren lauern könnten. Sie kennen diese Situation sicher aus Ihrem alltäglichen Leben: Erst als Sie sich endlich einmal hinsetzten und sich das Tutorial eines Computerprogramms ansahen, erkannten Sie, welche Funktionen Ihnen hilfreich sein könnten und wie umständlich Sie eventuell bis dato hantiert hatten.

Es geht also darum, sich weiterzuentwickeln, zu lernen. Schon Konfuzius[1] nannte drei Wege zu lernen: *Der Mensch hat dreierlei Wege, klug zu handeln; erstens durch Nachdenken, das ist das Edelste, zweitens durch Nachahmen, das ist die Eleganteste, und drittens durch Erfahrung, das ist das Schmerzhafteste (Grannemann 2013).*

In einem Modell veranschaulicht hat diese Wege der anerkannte kanadische Psychologe, Albert Bandura, der mit seinen Kollegen Ross und Ross ein einfaches und plausibles Lernphasenmodell entwickelte (Bandura et al. 1963). Es stellt dar, wie Lernen in den meisten Fällen abläuft. Die Experten unterscheiden dabei vier Phasen (Abb. 1.1):

---

[1] *Chinesischer Philosoph und Staatsmann (551 v. Chr.–479 v. Chr.).*

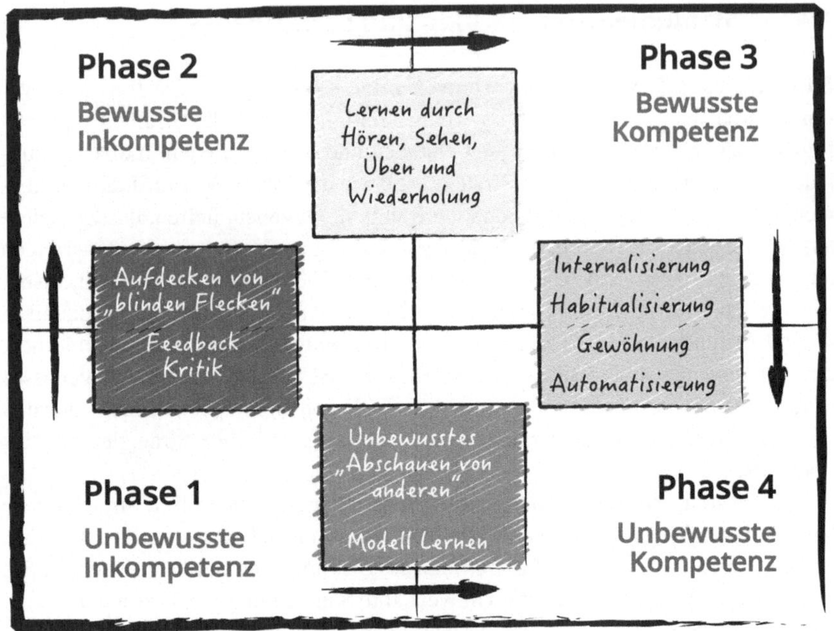


**Abb. 1.1** Lernphasenmodell. (Eigene Darstellung)

1. Unbewusste Inkompetenz (Ich weiß nicht, dass ich etwas nicht weiß oder kann)
2. Bewusste Inkompetenz (Mir wird bewusst, dass ich etwas nicht kann)
3. Bewusste Kompetenz (Ich weiß, dass ich etwas kann)
4. Unbewusste Kompetenz (Ich mache etwas automatisch)

Phase 1 beschreibt jene Situation, in der sich Unternehmer befinden, bevor sie mit Strategiearbeit beginnen. Unternehmer haben ein mehr oder weniger gutes Gefühl für ihr Unternehmen, ihren Markt und ihre Konkurrenz. Häufige blinde Flecken sind die Umwelt des Unternehmens, technologische Entwicklungen, anstehende Änderungen in der Gesetzgebung, neue Regulierungen, politische Veränderungen oder wirtschaftliche Trends. Aufgrund des mehr oder weniger bewussten Ausblendens gewisser Entwicklungen werden Unternehmen leider immer wieder kalt erwischt und in Krisen gestürzt.

Um die wichtigsten dieser Entwicklungen erkennen oder vorhersehen zu können, braucht es nämlich nicht nur die Bereitschaft des Unternehmers, sich für

Strategie Zeit zu nehmen, sondern auch das kritische Feedback von außen. Ohne die Perspektive anderer Personen, seien es die objektiven Kundenbewertungen Ihrer Leistungen, die Vorschläge von Mitarbeitern, die nüchterne Betrachtung Ihrer Situation vonseiten Ihres Treuhänders oder einfach das offene Feedback eines Kollegen oder Freundes, bleibt Ihre Analyse einseitig und wahrscheinlich voll blinder Flecken. Erst durch das Feedback von Menschen, die sich trauen, die Wahrheit zu sagen, kann Ihre unbewusste Inkompetenz zur bewussten Inkompetenz werden. Sie erreichen damit Phase 2. Überlegen Sie daher gezielt, wen Sie zu diesem Feedback auffordern könnten! Fragen Sie danach, wo Ihre Vertrauten Weiterentwicklungspotenzial für Sie vermuten würden, was Sie aus deren Sicht gut machen und wo sie Schwächen sehen. Sie können womöglich nicht alle Antworten sofort nachvollziehen. Dies ist verständlich, handelt es sich bei jeglichem Feedback doch um die Bewertung und Wahrnehmung von anderen, gefiltert und verzerrt durch deren Werte, Einstellungen und jeweilige Situationen. Verwerfen Sie es trotzdem nicht gleich. Notieren Sie es, auch wenn es für Sie momentan nicht nachvollziehbar ist. Womöglich können Sie in naher Zukunft Wertvolles damit anfangen.

Voraussetzung für die positive Ingangsetzung des Lernprozesses ist Ihr intaktes Selbstwertgefühl. Sind Sie sich Ihrer Fähigkeiten bewusst, wissen Sie aber auch um Ihre Lernfähigkeit und sind Sie offen für und neugierig auf Weiterentwicklungen, dann können Sie Feedback als Sprungbrett dafür betrachten. Bewerten Sie Feedback in erster Linie als Angriff auf Ihre Person, kann kein Prozess in Gang gesetzt werden. Auch hier kann Ihnen Strategiearbeit helfen. Diese sensibilisiert Sie für Ihre Stärken, aber auch Schwächen, lässt Sie Chancen erkennen und damit offener für den Austausch werden und motiviert Sie – mit einem großen Ziel vor Augen –, einen Weg zu gehen.

Dieser Weg kann stellenweise auch mühsam sein. Insbesondere der Übergang, die Kritik und die Phase der bewussten Inkompetenz können unangenehm erscheinen. Vergessen Sie dabei aber nicht: Es ist der Start, der Beginn von Lernen und Entwicklung! Motivierend dabei ist auch, dass nicht alle unserer Lernprozesse diesen manchmal beschwerlichen Weg gehen müssen. Erinnern Sie sich an Konfuzius – es gibt auch den eleganten Weg der Nachahmung! Keineswegs billig, sondern intelligent kann das Modell- oder Vorbildlernen bewertet werden, in dem wir uns durch das Abschauen und Nachmachen direkt von der unbewussten Inkompetenz zur bewussten Kompetenz entwickeln können (direkt von Phase 1 zu Phase 4). Eine fundierte Analyse Ihrer Konkurrenz, die aufmerksame Beobachtung Ihres Marktes und insbesondere von Start-up-Unternehmen in Ihrer Branche, die immer wieder neue, innovative Wege gehen, können Ihnen wichtige Impulse geben, die Sie womöglich auch auf Ihr Unternehmen anwenden können.

## 1.2 Was Sie für Ihre Strategiearbeit benötigen

Was brauchen Sie nun, um strategisches Denken in Ihrem Unternehmen möglich zu machen? Mit einer Portion Offenheit, ein paar Stunden Auszeit und diesem Buch haben Sie bereits die optimale Ausgangsposition. Mithilfe dieses Buches werden Sie jene Fragen beantworten können, um die Sie als verantwortungsvoller Unternehmer nicht drum herumkommen werden:

- Wo steht mein Unternehmen heute? Was ist unser IST-Zustand?
- Wo will ich mit meinem Unternehmen in drei bis fünf Jahren sein (SOLL-Zustand)?
- Was ist das übergeordnete Ziel, die Vision meines Unternehmens?
- Mit welchen Fähigkeiten und Ressourcen kann ich langfristig den Erfolg meines Unternehmens sichern?
- Was sind die Ziele und zukünftigen Wege, damit ich meine Vision erreichen kann?
- Welche Aufgaben leiten sich davon ab?

Stoßen Sie bei der Beantwortung dieser Fragen an Ihre Grenzen, haben ich drei Möglichkeiten für Sie. Zum einen können Sie in dem bereits erwähnten Fachbuch „Vertrauen durch Strategie" vertiefend nachlesen. Alternativ dazu finden Sie auf meiner Website www.urs-frey.com kurze Videosequenzen, in denen Ihnen ausgewählte Aufgaben aus diesem Buch erklärt werden. Eine weitere Möglichkeit ist der direkte Dialog mit mir. Es wäre wohl verwegen zu behaupten, dass ich mich auf Ihre Probleme freue, aber ich freue mich zumindest ganz bestimmt darauf, Ihnen mit meiner Erfahrung und meiner Außensicht weiterhelfen zu können.

# 2 Strategieentwicklung für Sie und Ihr Unternehmen

Sie haben sicherlich bereits bemerkt, dass ich ein großer Fan von Strategie bin. Das liegt wahrscheinlich zum guten Teil daran, dass ich in meiner Arbeit mit zahlreichen Unternehmen aller Branchen und Größen erleben konnte, was strategisches Handeln bewirken kann. Strategisches Handeln kann Ihnen zu der alles entscheidenden Nasenlänge Vorsprung gegenüber Ihrer Konkurrenz verhelfen! Es kann Ihnen ein scharf abgegrenztes Image bei Ihren Kunden verschaffen! Und es wird Ihnen viel Selbstvertrauen geben, indem es die blinden Flecken auf Ihrem Flug in Ihre unternehmerische Zukunft minimieren wird!

Damit Sie auch ein Fan von Strategie werden können, müssen Sie es ausprobieren. Erst dann werden Sie mir glauben, wenn ich Ihnen sage, dass Sie mit einer Strategie viel weiterkommen werden. Sie werden mir dann auch glauben, dass Sie sich weder tage- noch wochenlang mit Ihrer Strategie auseinandersetzen müssen. Mithilfe der in diesem Buch vorgestellten Schritte schaffen Sie es an einem produktiven Abend! Außerdem werden Sie dann nicht mehr daran zweifeln, dass Sie selbst die Strategieentwicklung für Ihr Unternehmen in die Hand nehmen können. Vergessen Sie dabei nicht, dass Sie strategische Entscheidungen in Ihrem Arbeitsalltag andauernd fällen! Wenn Sie sich als Restaurantbesitzer für oder gegen einen Raucherbereich entscheiden, wenn Sie als Werbeagentur zwischen zwei Ausschreibungen wählen oder als Architekt darüber nachdenken, ob Sie eine Kooperation mit einem Bauunternehmer eingehen sollen – das alles sind Entscheidungen mit strategischem Charakter. Sie haben Einfluss auf Ihre Positionierung, auf Ihre Arbeitsweise und letzten Endes auf Ihre Rentabilität. Strategie ist demnach nichts Neues für Sie!

Trotzdem möchte ich Ihnen zu Beginn Ihrer bewussten Strategiearbeit zwei Dinge mitgeben: Zum einen sind es Grundsätze oder Verhaltensrichtlinien, die Ihnen helfen sollen, Ihre Strategie so effektiv wie möglich zu gestalten. Zum



U. Frey, *Mit Strategie zum unternehmerischen Erfolg,* essentials,
DOI 10.1007/978-3-658-14833-1_2

anderen möchte ich Ihnen den Prozess vorstellen, anhand dessen Strategieentwicklung meiner Erfahrung nach effizient und zielführend abgewickelt werden kann.

**Strategische Verhaltensrichtlinien und Grundsätze:**

- **Seien Sie anders!** Unternehmen mit einer ausgeprägten Differenzierung gegenüber ihren Konkurrenten haben in der Regel größere Erfolgsaussichten, weil sie von den Kunden viel bewusster wahrgenommen werden. Sie können sich dabei nicht nur durch die Qualität Ihrer Leistungen erfolgreich differenzieren, sondern z. B. auch durch ein besonderes Dienstleistungsangebot.
- **Es muss sich lohnen!** Jedes Unternehmen muss danach trachten, seine Leistungen möglichst wirtschaftlich zu erbringen. Es stellt sich in diesem Zusammenhang die Frage, ob eine Strategie die Produktivität Ihres Unternehmens steigert und/oder die Kostenstruktur verbessert.
- **Das richtige Timing!** Die immer kürzer werdenden Produkt-(Markt-)Lebenszyklen erhöhen die Bedeutung des richtigen Timings. Ist Ihr Markt bereits reif für Ihr Produkt/Ihre Dienstleistung? Was plant die Konkurrenz?
- **Konzentrieren Sie Ihre Kräfte!** Versuchen Sie nicht, alles gleichzeitig zu machen, sondern machen Sie zuerst das, worin Sie wirklich gut sind, wo Sie Ihre Stärken und Präferenzen haben! Investieren Sie Ihre Zeit und Energie entsprechend! Gehen Sie dabei Schritt für Schritt vor und versuchen Sie, sich auf ein erstes lohnenswertes Ziel in naher Zukunft zu konzentrieren!
- **Tun Sie das, was Sie gut können!** Eine erfolgreiche Strategie baut auf den Unternehmensstärken (z. B. überlegene Fähigkeiten, gelebte Servicequalität etc.) auf und nutzt entsprechende Schwächen der Konkurrenz aus. Im Rahmen der Strategieentwicklung muss sorgfältig geprüft werden, auf welchen Unternehmensstärken weiter erfolgreich aufgebaut werden kann. Natürlich sind auch die eigenen Schwächen (weitgehend) zu eliminieren oder zumindest abzuschwächen.
- **Nutzen Sie Ihre Synergiepotenziale!** Denken Sie darüber nach, ob Sie durch die Zusammenführung von zwei oder mehreren Ihrer Tätigkeiten etwas Neues, Einzigartiges kreieren könnten. Sie sind ein passionierter Koch, der es durch seine Menüvariationen und ständigen Innovationen zu einem gewissen Bekanntheitsgrad geschafft hat? Vielleicht können Sie auch Kochkurse anbieten und sich so als moderner, qualitativ hochwertiger und höchst innovativer Koch positionieren?
- **Nutzen Sie Ihre Chancen!** Behalten Sie Ihre Umwelt im Auge und versuchen Sie, daraus Chancen für sich zu entdecken. Sind Sie der Dienstleister, der ein

bestimmtes Kundenbedürfnis als Erster in Ihrer Region kompetent anbieten kann? Dann nichts wie los, die Kunden warten auf Sie!

- **Finden Sie Ihre Strategie!** Ihre Strategie muss zu Ihnen passen. Sie muss jene Ziele verfolgen, die Ihnen ans Herz gewachsen und entsprechend wichtig sind. Gleichzeitig muss sie aber auch realistisch und umsetzbar sein. Behalten Sie daher die Ihnen zur Verfügung stehenden Mittel im Auge. Ermöglichen es Ihnen diese, Ihre Ziele wirklich innerhalb einer nützlichen Frist zu erreichen?
- **Ziehen Sie an einem Strang!** Wenn Sie Mitarbeiter beschäftigen, dann lassen Sie diese in Ihrer Strategiearbeit nicht außen vor. Immerhin erwarten Sie ja auch von ihnen, dass sie Ihre Vorhaben umsetzen. Binden Sie Ihre Mitarbeiter daher aktiv in Ihre Strategieentwicklung mit ein und kommunizieren Sie frühzeitig, was Sie planen.
- **Denken Sie von der Zukunft in die Gegenwart!** Setzen Sie bei Ihrem großen Traum an. Sie werden deutlich herausfordernde Wege gehen und im Endeffekt auch weiterkommen, wenn Sie Ihre Strategiearbeit bei Ihrer Vision beginnen!

**Der Strategieentwicklungsprozess**

Unabhängig von der Größe oder Branche Ihres Unternehmens sollten Sie Ihre Strategieerarbeitung immer schrittweise angehen. Den Anfang macht eine ganzheitliche Analyse Ihrer Ausgangslage. Da man seine Gegenwart kennen muss, um seine Zukunft gestalten zu können, sollten Sie Ihre Strategiearbeit mit einem ehrlichen Blick auf Ihr Unternehmen, die Stärken und Schwächen Ihrer Konkurrenz, die Bedürfnisse Ihrer Kunden und die Chancen und Gefahren des Marktes werfen. Die Ergebnisse werden Sie wesentlich dabei unterstützen, strategische Stoßrichtungen, also erste strategische Wegweiser, zu finden. Diese Wegweiser prüfen Sie im dritten Schritt auf Ihre Zielorientierung, indem Sie sie mit Ihrem großen unternehmerischen Ziel, Ihrer Vision, zusammenführen. Das Ergebnis dieser ersten drei Schritte ist eine Strategie mit einem klaren Ziel und ersten Maßnahmen, die zu diesem Ziel führen werden. Der letzte Schritt gehört der Umsetzung dieser Strategie. Basierend auf Ihren strategischen Stoßrichtungen werden nun Maßnahmen formuliert, die durch die Zuteilung von Verantwortlichen, Start- und Endterminen und einer Priorisierung nach Wichtigkeit Verbindlichkeit erlangen.

Dieses Buch orientiert sich an dem in Abb. 2.1 vorgestellten Prozess. Mithilfe von kurzen theoretischen Einführungen und anhand eines durchgängigen Beispiels werden Ihnen die einzelnen Schritte erklärt. Klare Aufgabenstellungen sollen Sie dabei unterstützen, die jeweiligen Schritte für Ihr Unternehmen anzuwenden.

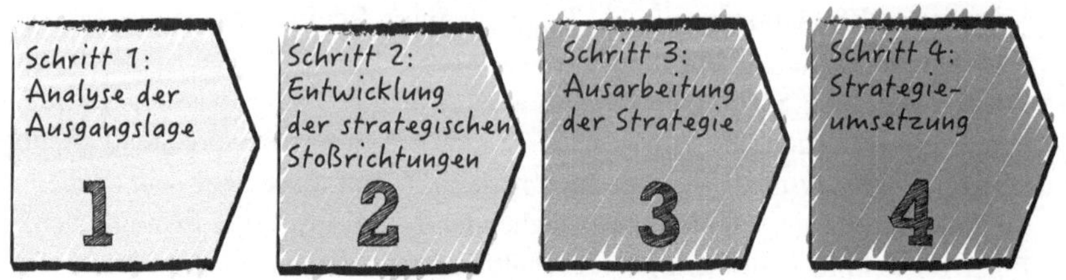


**Abb. 2.1** Der Strategieentwicklungsprozess. (Eigene Darstellung)

Zum besseren Verständnis möchte ich das angesprochene Beispiel nun vorstellen. Anhand der fiktiven Unternehmerin, Nora Müller, sehen Sie, wie Strategieentwicklung funktionieren kann.

Nora Müller, 35 Jahre, unterstützt seit einem Jahr als selbstständige Unternehmerin Autoren bei der Erstellung ihrer Bücher. Zuvor hat sie im Angestelltenverhältnis Fachartikel verfasst und ihren damaligen Arbeitgeber in seiner Autorentätigkeit unterstützt. Seit Beginn ihrer Selbstständigkeit unterstützte Nora Müller drei Buchprojekte mit unterschiedlichen Autoren und schrieb eine Handvoll Fachartikel. Nora Müller ist außerdem zweifache Mutter – ihre Kapazität ist dadurch eingeschränkt. Dies führte auch dazu, dass Frau Müller bis dato ausschließlich operativ tätig war und noch kaum Zeit in Strategie, Positionierung oder Außenauftritt investierte. Das soll nun nachgeholt werden.

Nora Müllers Vision ist es, ihre Auslastung langfristig zu sichern, ihren Marktwert dabei kontinuierlich zu steigern und sich als Autorencoach im deutschsprachigen Raum zu etablieren. Eine ihrer größten Herausforderungen dabei ist die Vereinbarkeit von Familie und Beruf und die dadurch eingeschränkte Kapazität, die dazu führt, dass Frau Müller in den nächsten fünf Jahren kaum mehr als zwei bis drei Buchprojekte pro Jahr wird betreuen können. Dies bedeutet auch, Projekte ablehnen zu müssen. Eine klare Positionierung erscheint allein aus diesem Grund für Nora Müller besonders erfolgskritisch.

### Strategisches Handeln im Alltag

Strategie bringt Sie nicht nur mit Ihrem Unternehmen weiter, sondern hilft Ihnen auch in Ihrem Alltag. Strategisches Denken und Handeln im Alltag macht Sie effizienter und zufriedener. Strategie steigert Ihre Zufriedenheit, indem sie Ihnen hilft, Ziele zu erreichen. Erinnern Sie sich an das gute Gefühl, das Sie hatten, als Sie zuletzt ein lang ersehntes Ziel erreichten. Vielleicht war es das erfolgreiche Absolvieren eines Marathons, das Bestehen einer Prüfung oder der langwierige

Abbau von einigen Extrapfunden. Was auch immer es war, Sie hatten ein Ziel vor Augen, das Sie durch konsequente Handlungen erreichen konnten. Je zielgerichteter Sie diese Handlungen ansetzten, desto erfolgreicher waren Sie.

Dieses Buch stellt einige ausgewählte Methoden vor, die Ihnen zu mehr Strategie in Ihrem Alltag verhelfen können. Sie finden diese jeweils in der Rubrik „Strategisches Handeln im Alltag".

## 2.1 Analyse der Ausgangslage

Bevor Sie für sich herausfinden können, wohin Ihre Unternehmensreise gehen soll, ist es wichtig, Ihren Blick dafür zu schärfen, wo Sie stehen. „Das weiß ich ohnehin!", kommt es Ihnen dabei möglicherweise in den Sinn. Dass Sie ein sehr gutes Gefühl für Ihre Situation haben, da bin ich mir ganz sicher. Als Gründer oder Inhaber eines Kleinunternehmens haben Sie gegenüber Großunternehmern aufgrund Ihrer engen Verbindung zu Ihrem Unternehmen definitiv einen Vorteil. Sie haben nicht nur einen tiefen Einblick in die Strukturen und Abläufe Ihres Unternehmens, sondern profitieren auch von Ihrer Kundennähe und der dadurch resultierenden guten Marktkenntnis.

Trotzdem hat mir meine Arbeit mit zahlreichen angehenden oder bereits etablierten Unternehmern gezeigt, dass eine Analyse der Ausgangslage eine Reihe von Vorteilen mit sich bringt. Eine Analyse Ihrer Ausgangslage

- zeigt Ihnen, wo Ihre Stärken liegen. Denn nur wer seine Stärken kennt, kann sie auch gezielt nutzen!
- hilft Ihnen, sich langfristig sinnvoll am Markt zu positionieren. Denn es ist immer besser, sich über seine Stärken zu positionieren, als zu versuchen, seine Schwächen auszumerzen.
- fordert Sie dazu auf, Produkte und Dienstleistungen und eventuell auch Ihre Kommunikation gezielt aus der Perspektive Ihrer Kunden zu betrachten. Sie kann damit auch als Attraktivitätscheck für Ihre bestehende Strategie dienen.
- zeigt Lernchancen in den Stärken Ihrer Konkurrenten und Potenziale in den Schwächen Ihrer Konkurrenten auf. Sie kann Ihnen damit helfen, Ihre Strategie so auszurichten, dass Sie Ihrer Konkurrenz genau diese entscheidende Nasenlänge voraus sind.
- hilft Ihnen, Trends zu identifizieren, um Chancen und Gefahren für Ihr Unternehmen zu erkennen.

- vermittelt Ihnen und Ihren Mitarbeitern Vertrauen, in bestimmten Dingen richtig gut zu sein und genau dort noch stärker zu investieren.

Damit diese Vorteile zum Tragen kommen, ist es notwendig, die Analyse Ihrer Ausgangslage professionell und ganzheitlich anzugehen. Dieses Kapitel führt Sie schrittweise durch die Analyse Ihres Unternehmens und Ihres Unternehmenskontexts und lässt Sie am Ende mit fundiert erarbeiteten Chancen und Gefahren für Ihr Unternehmen zurück. Diese Chancen und Gefahren stellen wiederum die Basis für die weitere Erarbeitung Ihrer konkret ausformulierten Strategie dar.

### 2.1.1 Definieren Sie Ihren Kontext!

Nachfolgend vorgestelltes Vorgehen zur Entwicklung Ihrer strategischen Positionierung ist einfach, setzt allerdings voraus, dass Sie dafür ein klar abgegrenztes Geschäftsfeld auswählen. Sie müssen sich demnach für einen Teil Ihres Produkt-/Dienstleistungsportfolios und den entsprechenden Marktausschnitt entscheiden. Entscheidungshilfe kann hierbei die sogenannte Paretoregel sein, die besagt, dass in vielen Fällen 20 % der Kunden für 80 % des Unternehmensumsatzes verantwortlich sind. Aus Gründen der Effizienz empfehle ich Ihnen daher, jenes Geschäftsfeld als Basis Ihrer Analyse zu verwenden, durch das Sie den größten Umsatz generieren.

Eine Produkt-Markt-Matrix kann Ihnen helfen, Ihre Geschäftsfelder zu identifizieren. Die Produkt-Markt-Matrix stellt Produkte oder Dienstleistungen den bedienten Märkten (= Kundengruppen) gegenüber. Nora Müller, die Unternehmerin aus unserem Beispiel, hat mittels einer Produkt-Markt-Matrix versucht, die nachgefragten Dienstleistungen ihrer drei wichtigsten Kundengruppen festzuhalten. Dabei konnte sie ihre Geschäftsfelder identifizieren. Sie entschied sich, das in Abb. 2.2 markierte Geschäftsfeld als Basis für ihre Strategiearbeit zu verwenden.

**Aufgabe 1: So definieren Sie Ihren Kontext**

1. Tragen Sie Ihre drei umsatzstärksten Kundengruppen in einer Matrix in absteigender Reihenfolge auf der y-Achse ein.
2. Tragen Sie anschließend Ihre fünf bis zehn umsatzstärksten Produkte oder Dienstleistungen auf der x-Achse ein.
3. Kennzeichnen Sie nun mit einem „X“, welche Produkte oder Dienstleistungen Ihre Kundengruppen besonders stark nachfragen.

| Kundengruppen | Dienstleistungen / Produkte | | | | | |
|---|---|---|---|---|---|---|
| | Konzeptionierung | Verlagsarbeit | Text-Unterstützung | Projektleitung | Autorencoaching | Lektorat |
| A. Berater, Experten, die sich (bspw. als Speaker) positionieren wollen | X | X | X | X | X | |
| B. Unternehmen, die Hilfe bei der Erstellung von Fachbeiträgen suchen | X | | X | X | | X |
| C. Unternehmen mit Bedarf an Public Relations (= PR) Unterstützung | | | | | | X |

**Abb. 2.2** Geschäftsfeldabgrenzung anhand eines Beispiels. (Eigene Darstellung)

4. Die Cluster, die sich durch diese Analyse ergeben, sind Ihre Geschäftsfelder. Entscheiden Sie sich für eines und nehmen Sie dieses als Basis Ihrer Analyse.

### 2.1.2 Finden Sie Ihre Stärken und Schwächen!

Wir starten die Analyse unserer Ausgangslage mit der näheren Betrachtung des eigenen Unternehmens. Was können wir gut? Wo liegen unsere Schwächen?

In meiner Arbeit mit unterschiedlichen Unternehmen stoße ich immer wieder auf solche, die in einzigartiger Weise in der Lage sind, Kundenbedürfnisse zu befriedigen, eine spezielle Komponente herzustellen oder Qualität auf sehr hohem Niveau anzubieten. Für mich ist es dabei immer wieder überraschend, wie viele dieser Unternehmen sich ihrer Stärken nicht bewusst sind. Sie schaffen einen herausragenden Mehrwert aus Sicht der Kunden, sind sich dessen aber selber meist kaum bewusst. Sie haben zwar oft eine vage Idee, was sie gut und was sie weniger gut können, sind aber nicht in der Lage, das Potenzial ihrer Stärken ausreichend zu erkennen. Entsprechend fehlt ihnen natürlich auch das echte Vertrauen in diese Stärken. Aus diesem Grund ist es höchst empfehlenswert, immer wieder einmal innezuhalten und einen Blick in sein Unternehmen zu werfen, um sicherzustellen, dass man auf die „richtigen Pferde setzt". Denn nur wer seine Stärken kennt, kann sie auch nutzen! (vgl. Abschn. 1.1).

Natürlich ist es ebenso wichtig, sich seiner Schwächen bewusst zu sein. Eigenartigerweise scheint das Bewusstsein dafür in Unternehmen jedoch besser ausgeprägt als die Kenntnis über die Stärken. Das Wissen über die eigenen Schwächen ist nicht primär wichtig, um diese bestmöglich ausmerzen, sondern um diese intelligent umgehen zu können (z. B. durch Kooperationen mit anderen Unternehmen, durch gezielte Weiterbildung oder auch nur durch eine stärkere Sensibilisierung der Mitarbeitenden dafür).

Bei der Betrachtung Ihrer Stärken und Schwächen sollten Sie zahlreiche Bereiche einbeziehen: Produktion, Innovation, Marketing, Verkauf, Mitarbeiter, Führungssysteme, Finanzen, Kultur et cetera. Grundsätzlich gilt: Versuchen Sie in Ihrer Unternehmensanalyse, für all jene Bereiche mitzudenken, die für den Erfolg Ihres Unternehmens von entscheidender Bedeutung sind.

Stärken oder Schwächen können sich auf den ersten Blick manchmal irreführend darstellen. So kann sich zum Beispiel aus einer vermeintlichen Stärke durchaus auch eine Schwäche entwickeln. Sind Sie beispielsweise ein Produktionsunternehmen, das sehr viel Wert auf Qualität legt, Sie können aber aufgrund Ihrer hohen Qualitätsstandards und den sich daraus ergebenden Prüf- und Messprozessen nicht zum marktüblichen Preis und eventuell auch nicht immer innerhalb der geforderten Zeit produzieren, entwickelt sich aus Ihrer vermeintlichen Stärke eine Schwäche. Kunden würden womöglich Ihre Qualitätsstandards schätzen, sind aber nicht bereit, einen Aufpreis oder ein Mehrfaches des üblichen Marktwertes dafür zu bezahlen, bzw. nicht gewillt, deswegen lange auf die Produkte zu warten. Ihre Konkurrenten hingegen werden Ihnen den Rang ablaufen, da sie günstiger und schneller und zu vergleichbarer Qualität produzieren können.

Oder sind Sie beispielsweise ein Friseur, der es sich auf die Fahnen geheftet hat, den Friseurbesuch seiner Kunden zum ganzheitlichen Erlebnis werden zu lassen, das neben dem entsprechenden Ambiente auch eine Kopf- und Nackenmassage, anspruchsvolle Tees, intensive Beratung und Betreuung durch den Friseurmeister selbst bis hin zu hochwertigen Naturprodukten anbietet, dann können Sie ziemlich wahrscheinlich Ihre Dienstleistung nicht zum marktüblichen Preis anbieten. Haben Sie hier nicht den entsprechenden exklusiv eingerichteten Standort mit Zugang zum zahlungswilligen Publikum mit ausreichend Zeit und eine Positionierung als modischer Hairstylist, kann Ihre beabsichtigte Stärke sich bald zur Schwäche entwickeln. Der Standard-Friseurbesucher wird nicht bereit sein, einen deutlich höheren Preis für diese Zusatzleistungen zu bezahlen. Er will gute Betreuung zu einem vernünftigen Preis und einen Haarschnitt in überschaubarer Zeit.

Diese beiden Beispiele zeigen auf, dass es wichtig ist, Ihre Stärken und Schwächen aus Sicht der Kunden zu betrachten. Nur wenn Ihre Stärke auf ein entsprechendes Bedürfnis Ihrer Kunden trifft, kann von einer wirklichen Stärke gesprochen werden. Die Gegenüberstellung Ihrer Stärken und Schwächen mit den Bedürfnissen Ihrer Kunden werden wir in Aufgabe 5 vornehmen.

Die Unternehmerin aus unserem Beispiel musste erkennen, dass ihre Stärken darin liegen, die Autoren nicht nur bei der Texterstellung, sondern als Manager des gesamten Projektes zu unterstützen. Sie kann damit wesentlich dazu beitragen, dass aus der Buchidee und dem Traum ein eigenes Buch zu schreiben, Realität wird. Als Quereinsteigerin mit noch wenig Erfahrung in der Branche sind ihre Schwächen im Bereich der Vernetzung und Kontakte zu finden (Abb. 2.3).

**Aufgabe 2: So identifizieren Sie ihre Stärken und Schwächen**

1. Versuchen Sie, die Stärken und Schwächen Ihres Unternehmens in Bezug auf das ausgewählte Geschäftsfeld zu identifizieren, und listen Sie diese auf einem Blatt Papier auf.

| Stärken | Schwächen |
|---|---|
| – Fähigkeit, Idee zum Buch zu machen, zu strukturieren, zu konzeptionieren<br>– Erste Referenzen (inhaltlicher Schwerpunkt, seriöse Autoren, renommierte Verlage)<br>– Professionelle Unterstützung bei der Verlagssuche<br>– Management des gesamten Projektes, von der Buchidee bis zum Einreichen<br>– Gesamtbetreuung des Buches, nicht nur „Verfasser von Texten"<br>– Selbstständiges Erarbeiten von Texten<br>– Inhaltlicher Fokus (gewisses Maß an inhaltlicher Expertise wird mir zugetraut)<br>– … | – Eingeschränkter Innovationsgrad (wenig Erfahrung mit E-Books, Blogs etc.)<br>– Noch kein Außenauftritt<br>– Noch keine klare Strategie, noch kein intelligentes Geschäftsmodell/Pricing<br>– Eingeschränkte Kapazität<br>– Eingeschränkte Verlagskontakte<br>– Noch kein eigenes Buch veröffentlicht<br>– Nicht sehr zentrale regionale Lage<br>– Bin ich als Neueinsteiger vertrauenswürdig?<br>– … |

**Abb. 2.3** Stärken-Schwächen-Analyse anhand eines Beispiels

2. Nachfolgende Fragen helfen Ihnen, Ihre Stärken und Schwächen zu erkennen:
   - Denken Sie an Ihr ausgewähltes Geschäftsfeld. Warum ist es für den Großteil Ihres Umsatzes verantwortlich? Was macht es für Sie so erfolgreich?
   - Welchen besonderen Mehrwert und damit Kundennutzen können Sie mit diesem Geschäftsfeld erzielen? Wodurch genau?
   - Welche Stärken Ihrer Leistungen oder Produkte vermögen, Ihre Marktposition noch weiter auszubauen?
   - Warum werden gerade Sie von Ihren Kunden so geschätzt?
   - Gibt es Bereiche innerhalb Ihres gewählten Geschäftsfeldes, in denen Sie die Kundenbedürfnisse und -erwartungen nicht optimal erfüllen können? An welcher mangelnden Kompetenz/Fähigkeit Ihrerseits könnte das liegen?
   - Was hindert Sie daran, jene Kundenbedürfnisse und -erwartungen nicht zu erfüllen?
   - Wie steht es um Ihre strategische Positionierung? Verfolgen Sie ein klares Ziel? Lehnen Sie auch Aufträge ab oder nehmen Sie alles an, was Ihnen angeboten wird?
   - Setzen Sie bereits auf Ihre bewussten Stärken oder versuchen Sie, alles zu machen?
   - Haben Ihre Kunden ein klares Bild von Ihnen? Wirken Sie dabei authentisch? Verbinden Sie Ihre Kunden mit bestimmten Werten oder ausgewählten Qualitäten?
   - Passt Ihre Preispolitik zu Ihren Werten/Ihrer Qualität/Ihrem Auftritt?
   - Wie kommen Sie zu neuen Aufträgen? Nutzen Sie bestehende Kanäle intelligent aus, indem Sie zufriedene Kunden für sich werben lassen?
   - Sind Sie innovativ? Entwickeln Sie Ihre Produkte und Dienstleistungen weiter?
   - Hat die Nachfrage nach Ihren Produkten und Dienstleistungen Bestand oder unterliegen Sie stark irgendwelchen ausgeprägten Trends, technologischen Weiterentwicklungen oder sonstigen Veränderungen in Ihrer Umwelt?
   - Wie ist die Stimmung in Ihrem Unternehmen? Bringen sich Ihre Mitarbeiter aktiv in Ihr Unternehmen ein?
   - Hängt Ihre Marktposition/Ihr Erfolg von Einzelpersonen ab? (siehe dazu auch Frey 2016, Abschn. 3.1).

### 2.1.3 Analysieren Sie die Bedürfnisse Ihrer Kunden!

Wir stellen die Bedürfnisse unserer Kunden bei unserer Analyse ganz bewusst ins Zentrum! Wie bereits erwähnt, nutzen unsere besonderen Fähigkeiten nur dann etwas, wenn der Kunde sie auch wirklich will. Es ist der besondere Mehrwert unserer Leistung, die dem Kunden genau den Nutzen stiftet, wofür er bereit ist (mehr) zu zahlen. Und warum sollen wir Energie und Zeit in das Ausmerzen von Schwächen investieren, wenn sie für den Kunden nicht relevant sind? Letzten Endes sind wir von unseren Kunden abhängig – darum sollten wir uns auch viel intensiver um sie kümmern. Das aufmerksame Beobachten ihrer Entwicklungen, das Hinterfragen ihrer Bedürfnisse und im besten Fall das Erahnen künftiger Wünsche sind wichtige Teile dieser Kundenorientierung.

Wie genau kennen Sie die Bedürfnisse Ihrer Kunden? Handelt es sich dabei um Ihre persönliche Einschätzung oder können Sie auf das Feedback Ihrer Kunden zurückgreifen? Als Kleinunternehmer haben Sie womöglich eine sehr fundierte Kenntnis der Bedürfnisse Ihrer Kunden durch Ihren idealerweise täglichen, persönlichen Kundenkontakt. Diese enge Kundenbindung könnte es Ihnen auch enorm erleichtern, das gezielte, vorherige Gespräch mit ein, zwei ausgewählten Kunden für diese Analyse zu suchen, um ihnen unter anderem nachfolgende Fragen zu stellen:

- Welches sind die zentralen Eigenschaften/Merkmale, die Sie von diesem Produkt/dieser Dienstleistung erwarten?
- Welchen echten Mehrwert erwarten Sie sich von diesem Produkt/dieser Dienstleistung? Welchen Nutzen muss es/sie erfüllen?
- Welche Eigenschaften/Merkmale/Qualitäten muss der Hersteller des Produktes/der Dienstleister haben?
- Welche Eigenschaften/Merkmale darf er nicht haben?

Vergessen Sie dabei nicht, Ihre Analyse auf das ausgewählte Geschäftsfeld zu beschränken. Es geht in Ihrer Analyse um die von Ihnen definierte Kundengruppe und die entsprechende Produkt-/Dienstleistungsgruppe. Darüber hinaus ist es noch empfehlenswert, sich darüber Gedanken zu machen, wie groß und damit attraktiv diese Zielgruppe überhaupt ist. Gibt es viel Nachfrage für diese Produkt-/Dienstleistungsgruppe? Ist Wachstum aus Sicht des Marktes generell (noch) möglich? Handelt es sich bei dieser Zielgruppe um eine homogene Gruppe mit ähnlichen Bedürfnissen?

Die Unternehmerin in unserem Beispiel stellte diese Fragen zwei ausgewählten Kunden in Bezug auf ihre Dienstleistungen Konzeptionierung, Verlagsarbeit, Text-Unterstützung, Projektmanagement und Autorencoaching (Abb. 2.4). Dabei stellte sich heraus, dass den Kunden das Thema Vertrauen und Umsetzungsstärke besonders wichtig ist. Sie hegen häufig bereits seit geraumer Zeit den Wunsch, ein eigenes Buch zu veröffentlichen. Zeitnot, mangelnde Schreibleidenschaft oder einfach eine fehlende Idee davon, wie und wo man das Projekt angehen soll, sind dabei hinderlich. Sie erwarten vom Dienstleister zuallererst einmal, dass er dafür sorgt, dass das Buch Realität wird. Selbstverständlich spielt die Qualität des Ergebnisses auch eine wichtige Rolle.

**Aufgabe 3: So analysieren Sie die Bedürfnisse Ihrer Kunden**

1. Versuchen Sie, die Bedürfnisse der in Aufgabe 1 identifizierten Kundengruppe in Bezug auf die entsprechende Produkt-/Dienstleistungsgruppe niederzuschreiben. Im Idealfall führen Sie dazu ein konkretes, exploratives Gespräch mit ein, zwei ausgewählten Kunden dieser Gruppe.
2. Die einleitend vorgestellten Fragen helfen Ihnen bei einer gezielten Analyse.

| Zielgruppe | A. Berater, Experten |
|---|---|
| Beschreibung | – Ähnlichen professionellen Hintergrund (Berater, Experten, Vortragende, Lehrbeauftragte, Referenten von Universitäten)<br>– Ähnliche Zielsetzung: Positionierung als Experte zu bestimmtem Fachgebiet, Erfüllung eines lang gehegten Wunsches, Steigerung des persönlichen Marktwertes<br>– Steigende Nachfrage zu erwarten<br>– ... |
| Bedürfnisse | – Operative Unterstützung bei der Bucherstellung (Ablauf, Priorisierung, Projektmanagement)<br>– Veröffentlichung über einen Verlag<br>– Unterstützung beim Erstellen von Texten aufgrund von Zeitnot oder mangelnder Schreibleidenschaft<br>– Vertrauenswürdiger Partner hinsichtlich Geheimhaltung, Professionalität, Qualität und Umsetzungsstärke<br>– Wollen das Gefühl haben, dass jemand den Buchtraum wahr werden lässt, mit ihnen als Experte, aber mit jemandem, der die Umsetzung in die Hand nimmt<br>– ... |

**Abb. 2.4** Beispiel für die Analyse der Kundenbedürfnisse. (Eigene Darstellung)

### 2.1.4 Werfen Sie einen Blick auf Ihre Konkurrenz!

Nachdem Sie sich nun bereits die Bedürfnisse Ihrer Kunden analysiert und Stärken sowie Schwächen daraus abgeleitet haben, sollten Sie in diesem Schritt Ihre ganze Aufmerksamkeit Ihrer Konkurrenz widmen. Denn nur die Kenntnis Ihrer Konkurrenzsituation bewahrt Sie davor, Umsatzeinbußen hinnehmen zu müssen, wichtige Partner an die Konkurrenz abzutreten oder sogar noch von neuen Anbietern überrascht zu werden.

Im Sinne eines effizienten Arbeitens empfehle ich Ihnen, sich bei der Analyse auf Ihre drei Hauptkonkurrenten zu beschränken. Ihre wichtigsten Konkurrenten zeichnen sich durch eines oder sogar mehrere der nachfolgenden Merkmale aus:

- Angebot von denselben oder ähnlichen Leistungen und Produkten
- ähnliche Zielkunden oder sogar dieselben Kunden
- geografische Nähe
- aggressive Wettbewerbshaltung gegenüber Ihrem Unternehmen
- Teilnahme an den gleichen Angebotsverfahren
- Verwendung identischer Vertriebskanäle

Bei der Konkurrenzanalyse ist es wichtig, Ihre Konkurrenten nicht nur quantitativ zu beschreiben (z. B. Preisstrategie, erzielter Jahresumsatz), sondern auch qualitativ zu bewerten. Nachfolgende Fragen können Ihnen dabei helfen, Ihre Analyse ganzheitlich zu gestalten:

- Wie umfangreich ist die Marktmacht Ihrer Konkurrenz?
- Wie groß ist der Bekanntheitsgrad Ihrer Konkurrenz?
- Wie würden Sie das Preis-Leistungs-Verhältnis Ihrer Konkurrenz beschreiben?
- Wie ist das Image Ihrer Konkurrenz?
- Welchen besonderen Kundennutzen, welchen Mehrwert kann Ihre Konkurrenz erzielen?
- Gibt es Kundenbedürfnisse, die Ihre Konkurrenz nicht erfüllen kann/will?
- Würden Sie Ihre Konkurrenz als besonders innovativ beschreiben? Wenn ja, wodurch erreicht Ihre Konkurrenz ihren hohen Innovationsgrad?
- Welche Serviceleistungen bietet Ihre Konkurrenz an?
- Verfolgt Ihre Konkurrenz eine klare Strategie? Was sind die wesentlichen Merkmale dieser Strategie?
- Wodurch zeichnet sich das Profil Ihrer Konkurrenz aus? Auf welche Art von Referenzen kann sie verweisen?

- Wie würden Sie die Kundenbindung Ihrer Konkurrenz einschätzen? Wodurch entsteht diese?

Für Nora Müller, unsere Unternehmerin, stellte sich heraus, dass die Konkurrenz mit einer guten Vernetzung, zahlreichen Verlagskontakten, vielen Veröffentlichungen, zum Teil eigenen Publikationen und einer einschlägigen Berufserfahrung punkten kann. Die meisten Konkurrenten positionieren sich als „Textvirtuosen mit guten, etablierten Verlagskontakten" (Abb. 2.5).

**Aufgabe 4: So finden Sie die Stärken und Schwächen Ihrer Hauptkonkurrenten**

1. Identifizieren Sie Ihre drei Hauptkonkurrenten anhand der vorgestellten Fragen. Beachten Sie dabei, dass es sich hier um Ihre Hauptkonkurrenten in Bezug auf das ausgewählte Geschäftsfeld handeln soll.
2. Wenn Sie Mühe damit haben, Ihre drei Hauptkonkurrenten gesondert zu bewerten, können Sie diese auch zusammenfassen und als Einheit analysieren. Da Sie sich bei Ihrer Analyse auf ein ausgewähltes Geschäftsfeld konzentrieren und Sie Ihre Hauptkonkurrenten sorgfältig ausgewählt haben, ist von einem gewissen homogenen Charakter Ihrer Konkurrenten ohnehin auszugehen.

| Merkmal | Einschätzung Konkurrenz | Anmerkungen |
|---|---|---|
| Marktmacht | – Etablierte Anbieter (vor allem im hochpreisigen Sektor) | – … |
| Preis/Leistung | – Hoher Preis/hoch qualitative Leistung | – Premiumsegment: Selbständige<br>– im niedrigeren Preissegment: häufig über Agenturen organisiert |
| Image | – Renommiert, qualitativ hochwertig, namhafte Bücher | – … |
| Kundennutzen | – Hoher Kundennutzen, da qualitativ hochwertiges Produkt, sichergestellte Veröffentlichung über Verlag | – … |
| Innovationsgrad | – Mittelmäßig, keine Angaben/Referenzen zu Blogs etc. | – … |
| Unzureichend erfüllte Kundenbedürfnisse | – Management des Projektes „Buch": Koordination und Controlling von Aufgaben, Terminen, Zielen | – … |
| Serviceleistungen | – Schwerpunkt auf Textproduktion, Verlagsunterstützung | – Weniger im Fokus: Management des Buchprojektes, Konkurrenz unterstützt kaum begleitende Aufgaben (Handling Grafiker, Vermarktung etc.) |
| … | – … | – … |

**Abb. 2.5** Konkurrenzanalyse anhand eines Beispiels. (Eigene Darstellung)

3. Analysieren Sie nun Ihre Konkurrenz anhand qualitativer und quantitativer Merkmale. Vorangegangene Fragen können Ihnen dabei helfen (siehe dazu auch Frey 2016, Abschn. 3.3).

### 2.1.5 Entdecken Sie Chancen und Gefahren für Ihr Unternehmen!

Wir beenden die Analyse der Ausgangslage mit der Zusammenführung der Erkenntnisse aus der Unternehmensanalyse, der Analyse der Kundenbedürfnisse und der Konkurrenzanalyse. Diese Zusammenführung der internen (Unternehmensanalyse) und der externen Sichtweise (Analyse der Kundenbedürfnisse und Konkurrenzanalyse) stellt sicher, dass Sie Ihre Positionierung zielgerichtet und effizient ausrichten. Ihre internen Stärken können Sie nämlich nur dann gewinnbringend einsetzen, wenn von Kundenseite die entsprechende Nachfrage nach dieser Fähigkeit vorhanden ist und Ihre Konkurrenz dieses Kundenbedürfnis nicht bereits gänzlich erfüllt.

Unternehmen machen häufig den Fehler, ihre Positionierung auf entweder ausschließlich externe (Kundenbedürfnisse) oder interne Faktoren (Stärken) auszurichten. Die Konsequenz ist eine strategische Positionierung, die zwar prinzipiell möglich, allerdings meist wenig effizient und meist nur sehr langfristig umzusetzen ist. Stellen Sie daher sicher, Ihre bewusste strategische Positionierung genau dort anzusetzen, wo Ihre Stärken auf ein Kundenbedürfnis und im Idealfall auf eine Schwäche Ihrer Konkurrenz treffen!

Für die Unternehmerin in unserem Beispiel stellte sich durch diese Analyse heraus, dass ihre Stärken „überschaubarer, abschätzbarer Kostenaufwand" und „klarer inhaltlicher Fokus" eigentliche Chancen darstellen können. Diese beiden Stärken treffen sowohl auf ein eindeutiges Kundenbedürfnis als auch auf eine Schwäche der Konkurrenz. Zudem ist Nora Müllers Stärke hinsichtlich des Umsetzungsmanagements interessant, da der Kunde den dringenden Wunsch hat, hier gezielt und professionell unterstützt zu werden.

Die größte Gefahr stellt für unsere Unternehmerin ihre eingeschränkte Kapazität dar. Sie kann dadurch nur wenige Projekte abwickeln, was sie in eine relativ große Abhängigkeit von wenigen Kunden führt. Hinzu kommt, dass sie als Quereinsteiger nur wenige Referenzen vorzuweisen hat. Referenzen bzw. veröffentlichte Werke sind allerdings wesentlich dafür verantwortlich, wie vertrauenswürdig der Dienstleister auf den Kunden wirkt (Abb. 2.6).

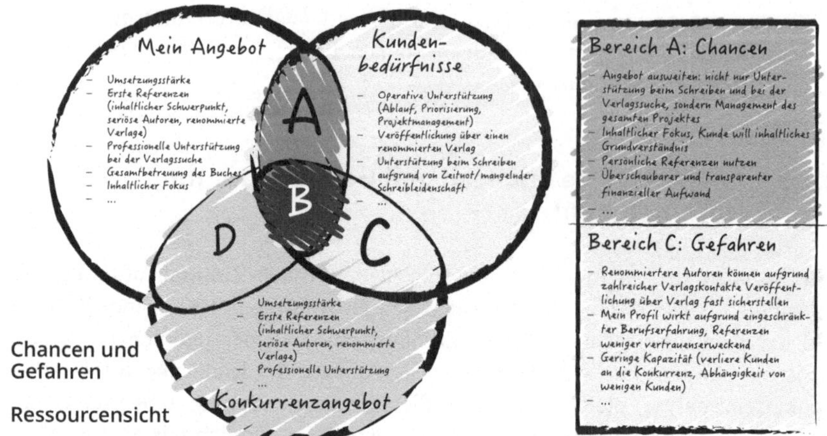


**Abb. 2.6** Ausarbeitung von Chancen und Gefahren aus Ressourcensicht anhand eines Beispiels. (Eigene Darstellung)

**Aufgabe 5: So erarbeiten Sie die Chancen und Gefahren für Ihr Unternehmen**

1. Listen Sie die Ergebnisse aus Aufgabe 2 (Stärken-und-Schwächen-Analyse), Aufgabe 3 (Analyse der Kundenbedürfnisse) und Aufgabe 4 (Konkurrenzanalyse) jeweils getrennt in einem Kreis auf. Versuchen Sie dabei, jeweils Ihre Stärken und Schwächen zu übergeordneten Themen zusammenzufassen. Die Unternehmerin aus unserem Beispiel konnte beispielsweise die Schwächen „kein Außenauftritt", „kein aktives Forcieren persönlicher Weiterempfehlungen", „Social-Media-Kanäle werden nicht ausgenutzt" zum übergeordneten Thema „unzureichendes Marketing" zusammenfassen.
2. Versuchen Sie nun, überlappende Bereiche dieser drei Kreise zu identifizieren, indem Sie sich fragen:
   - Welche Kundenbedürfnisse treffen insbesondere auf meine Stärken? (Ausschnitte A und B)
   - Welche Kundenbedürfnisse kann ich damit besser als die Konkurrenz erfüllen (Ausschnitt A)?
   - Welche Kundenbedürfnisse treffen auf Stärken meiner Konkurrenten (Ausschnitt B) und sind damit besonders hart umkämpft?
   - Welche Kundenbedürfnisse treffen auf eine meine Schwächen und kann die Konkurrenz besser erfüllen (Ausschnitt C)?

3. Dort, wo Ihre Stärken auf die Bedürfnisse der Kunden treffen, können Sie Ihre Chancen vermuten (Ausschnitt A). Dort, wo die Stärken Ihrer Konkurrenz und allenfalls Ihre Schwächen auf die Kundenbedürfnisse treffen, könnten Gefahren lauern (Ausschnitt C). Die identifizierten Chancen und Gefahren benötigen Sie nun für die weiteren Schritte auf dem Weg zu Ihrer Positionierung!

### 2.1.6 Stoßen Sie auf noch mehr Chancen und Gefahren in Ihrer Unternehmensumwelt!

Mit einer Umweltanalyse nehmen Sie die Umwelt Ihres Unternehmens genau unter die Lupe. Sie hilft Ihnen, bereits im Voraus die relevanten Trends zu identifizieren, um so Chancen und Gefahren für Ihr Unternehmen zu erkennen. Behalten Sie Ihre Umwelt im Auge, können Sie Entwicklungen frühzeitig erkennen und daraus für die Zukunft die richtigen Schlüsse für Ihr Unternehmen ziehen. Im Gegensatz zu der Unternehmensanalyse (Aufgabe 2) handelt es sich hierbei um in der Regel nicht oder kaum beeinflussbare Faktoren.

Die Identifikation von relevanten Trends ist eine zentrale Aufgabe der Umweltanalyse. Trends können positive oder negative Konsequenzen für Ihr Unternehmen haben. Wichtig ist dabei nicht, jeden Trend mitzumachen, sondern Entwicklungen und die Auswirkungen auf das eigene Unternehmen richtig abzuschätzen oder zu kennen. Besonders relevant dabei sind sogenannte Markttrends. Markttrends sind für Unternehmen von großer Bedeutung, da entsprechend potenzielle Kunden vorhanden sind, die in der Regel eine gewisse Kaufbereitschaft haben, Produkte und Leistungen, die diesen Trend erfüllen, zu kaufen. Wenn sich die heutige Jugend beispielsweise wieder mit Skate- und Longboards zeigt, dann kann ich mich als Markenanbieter von Sneakers-Schuhen (bspw. VANS) und entsprechenden Modeaccessoires für diese Zielgruppe gezielt positionieren. Experten sprechen hier von einer sogenannten Push-Strategie: Im Konsumenten ist ein latentes Bedürfnis vorhanden, das Unternehmen durch Werbung oder sonstige Verkaufsförderung zu einem Bedarf (also Nachfrage) umwandeln können.

Umgekehrt können Entwicklungen in Ihrer Unternehmensumwelt auch Gefahren für Ihr Unternehmen darstellen. Sind beispielsweise Änderungen in Gesetzgebungen, Vorschriften oder Politik in naher Zukunft zu erwarten, kann dies entscheidenden Einfluss auf Ihr Arbeiten haben. Auch wenn Sie sich gegen diese

Entwicklungen in den meisten Fällen nicht wehren können, ist es empfehlenswert, zumindest nicht auf dem falschen Fuß erwischt zu werden und frühzeitig darauf zu reagieren.

Sie können die Qualität Ihrer Umweltanalyse entscheidend mit deren Ganzheitlichkeit beeinflussen. Versuchen Sie daher, unterschiedlichste Umwelten mit einzubeziehen. Nachfolgende Auflistung soll Ihnen helfen, dabei nichts zu vergessen:

- Die politisch-rechtliche Umwelt: Genehmigungen, Verordnungen, Auflagen, Steuerprivilegien oder -regulierungen – Sind hier Veränderungen zu erwarten?
- Die ökonomische Umwelt: Wirtschaftswachstum, Zinsen, Inflationsrate, Wechselkurse oder Arbeitslosigkeit – Gibt es hier Entwicklungen, die Ihre Nachfrage, Ihre Wettbewerbsintensität, Ihren Kostendruck oder Ihr Investitionsklima beeinflussen könnten?
- Die technologische Umwelt: Sind technische Innovationen zu erwarten, die bestehende Techniken ablösen, redundant werden lassen oder die Nachfrage entscheidend verändern können?
- Die gesellschaftliche Umwelt: Wie können Veränderungen in Bevölkerungsstruktur, Bildungswesen oder demografische Entwicklungen Ihre Arbeit beeinflussen? Denken Sie dabei sowohl an Ihre Kunden als auch an potenzielle Mitarbeiter.
- Die ökologische Umwelt: Die ökologische Umwelt gibt unter Umständen gewisse Rahmenbedingungen für Ihr Arbeiten vor (z. B. erlaubte Produktionsverfahren, Umweltschutzauflagen, Immissionsgrenzwerte, Lärmvorschriften). Sind hier Veränderungen zu erwarten?

Nora Müller, unsere Unternehmerin, kann eine grundsätzlich positive Bilanz aus ihrer Umweltanalyse ziehen (Abb. 2.7). Sowohl die gesellschaftliche Entwicklung in Richtung Wissensgesellschaft als auch die Aufwertung von Wissen lassen auf eine Zunahme von Schriftstücken (wenn auch nicht die klassischen Bücher) schließen. Hinzu kommt die wirtschaftliche Situation ihrer Zielgruppe: Die Beraterschwemme der letzten Jahre verstärkt die Notwendigkeit für Berater, sich zu positionieren, um sinkenden Tagessätzen entgegenzuwirken und mit einem heiß umkämpften Markt umgehen zu können. Positionierung und damit gezielte Werbung erfolgt in vielen Fällen unter anderem über Publikationen.

**Aufgabe 6: So untersuchen Sie Ihre Unternehmensumwelt!**

1. Analysieren Sie die Umwelt Ihres Unternehmens anhand der eingangs vorgestellten Fragen. Listen Sie dabei zu erwartende Entwicklungen in den verschiedenen Umwelten auf.

Chancen und Gefahren

Marktsicht

| Umwelt | zu erwartende Entwicklung | Chance | Gefahr |
|---|---|---|---|
| politisch-rechtlich | – Textliche Unterstützung kann eine Urheberrechtsverletzung darstellen | | X |
| ökonomisch | – Zögerliches Wirtschafts-Wachstum ist zu erwarten, Positionierung, Spezialisierung für Berater/Trainer/Experten wichtig, Tagessätze für Berater rückläufig, viele versuchen, auf besser bezahlte Speaker-Tätigkeit auszuweichen | X | |
| technologisch | – Absatz von Print-Büchern ist eher rückläufig, E-Books gewinnen dafür an Bedeutung | | X |
| gesellschaftlich | – Entwicklung zur Wissensgesellschaft, Wissen digital vorhanden und (frei) zugänglich, Wissen wird zum einen immer wichtigeren und wertvolleren Gut (Ausgaben für Bildung)<br>– Es wird immer wichtiger, sich zu differenzieren und zu spezialisieren | X | |
| ökologisch | – Wenig Relevanz, evtl. weniger Print-Books, dadurch unter Umständen sinkender Papierverbrauch? | | X |

**Abb. 2.7** Umweltanalyse Chancen und Gefahren aus Marktsicht anhand eines Beispiels. (Eigene Darstellung)

2. Versuchen Sie nun zu bewerten, ob die identifizierten Entwicklungen eine Chance oder Gefahr für Ihr Unternehmen darstellen könnten (siehe dazu auch Frey 2016, Abschn. 3.2).

### Strategisches Handeln im Alltag

„Wer sich nicht an die Vergangenheit erinnern kann, ist verdammt, sie zu wiederholen", mahnte uns bereits der Schriftsteller und Philosoph Santayana[1] (Santayana, 1905). Dass nicht alles Vergangene schlecht sein muss und das Rad nicht immer wieder neu erfunden werden muss, versteht sich dabei von selbst. Die Herausforderung ist vielmehr, aus Problemen und Krisen zu lernen und diese Erkenntnisse auch nicht mehr zu vergessen, um nicht wiederholt über die gleichen Hindernisse zu stolpern. Wie Sie sich für Ihr Unternehmen die Zeit nehmen müssen, um Ihre Strategie zu entwickeln, so bedarf es auch einer kurzen Auszeit zur Reflexion, wenn Sie sich in Ihrem alltäglichen Handeln weiterentwickeln möchten. Wann es für mich persönlich an der Zeit ist, mir diese Auszeit zu nehmen, daran erinnern mich Situationen, in denen ich mühsam Hindernisse

[1] US-amerikanischer Dichter und Philosoph, 1863 – 1952.

überwinde, nur um im Nachgang zu erkennen, dass ich die genau gleiche Herausforderung bereits erlebt und damals womöglich ähnlich reagiert habe.

Um diesem Phänomen zu entkommen, entwickelten der Psychologe Chris Argyris und der Philosoph Donald Schön das Modell des „Double-Loop-Learning" (Abb. 2.8). Während wir beim klassischen „Single-Loop-Learning" als reine Beobachter von Situationen agieren und Dinge, die gut gelaufen sind, wiederholen und auch Probleme nach dem gleichen erprobten Schema lösen, ohne zu fragen, warum diese Probleme entstehen, fordert uns das „Double-Loop-Learning" auf, Muster zu durchbrechen, um so wahre Weiterentwicklung zu ermöglichen. „Double-Loop-Learning" will nicht von Ihnen, dass Sie Dinge anders lösen, sondern fragt nach den Werten und Antrieben, die Ihrem Handeln zugrunde liegen. Denn sind Sie sich deren bewusst, sind Sie womöglich in der Lage, Ihr Handeln wirklich langfristig zu ändern, und erleben nicht, wie oben beschrieben, in regelmäßigen Abständen die gleichen Herausforderungen.

Wie in Abb. 2.8 ersichtlich, wird beim Single-Loop zwar die Handlung angepasst, um das gewünschte Ergebnis zu erzielen, es wird allerdings nie hinterfragt, ob das Ergebnis überhaupt noch erstrebenswert ist bzw. mit meinen Werten und Zielen noch übereinstimmt. Im Unternehmenskontext sind dies häufig „Dinge, die immer schon so gemacht wurden". Bestimmt kennen Sie dieses Phänomen auch aus Ihrem privaten Umfeld. Sie fahren eine bestimmte Automarke, weil Sie schon immer auf diesen Hersteller vertrauten, obwohl die Konkurrenz

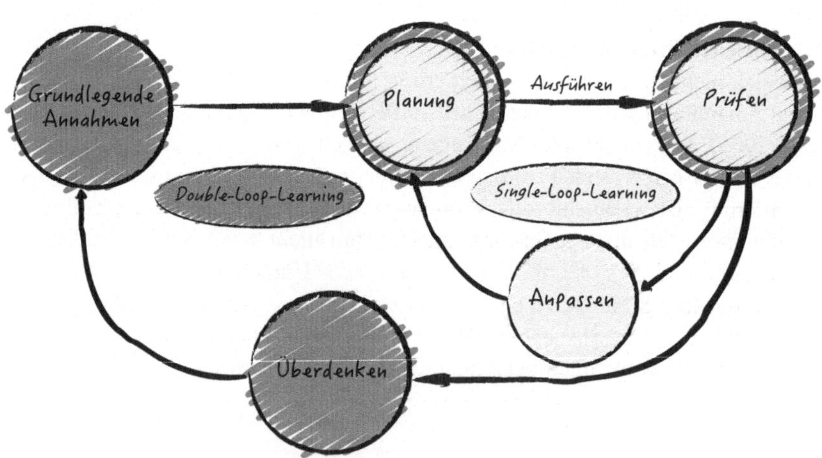


**Abb. 2.8** Double-Loop-Learning. (Eigene Darstellung)

mittlerweile bessere Angebote hätte? Sie sparen, obwohl es Ihnen momentan nicht viel mehr Ertrag bringt, als das Geld unter Ihrem Kopfkissen zu horten? Sie versuchen, in Ihrer Ernährung Zucker einzusparen, hadern mit sich selbst bei jedem Stück Kuchen oder Schokolade, trinken aber am liebsten Apfelsaft? Fragen Sie sich einmal ganz bewusst, wann Sie zuletzt ein vertrautes Muster durchbrochen haben! Wann haben Sie zum letzten Mal jemanden mit Ihrem Verhalten überrascht? Welches Muster würden Sie gerne durchbrechen? Was hindert Sie daran, es zu tun? (vgl. Krogerus et al. 2009, S. 96 ff.).

## 2.2 Entwicklung der strategischen Stoßrichtungen

Willkommen zum nächsten Schritt, der Sie – so viel sei vorweg bereits verraten – begeistern wird! Hier fügen sich nun die erarbeiteten Dinge wie Puzzleteile zusammen. Hier ernten Sie die Früchte Ihrer bisherigen Analysearbeit. Hier sind Sie nun erstmals so weit, eine konkrete Idee davon zu bekommen, wohin Ihre Unternehmensreise gehen soll. Und das nicht auf Basis Ihres Bauchgefühls, sondern auf Basis bisher erhobener und verdichteter Daten! Mit der TOWS-Matrix führen Sie die Ergebnisse Ihrer Analysen zusammen und entdecken strategische Stoßrichtungen für Ihr Unternehmen.

Strategische Stoßrichtungen:

- dienen als erste Wegweiser für Ihre Strategie.
- sollen Ihre Stärken betonen sowie Chancen bewusst ermöglichen und gleichzeitig Ihre Schwächen mindern sowie Gefahren gezielt minimieren.
- basieren auf einer fundierten Analyse Ihres Unternehmens und Ihres Unternehmenskontexts und stellen damit eine qualitativ hochwertige Grundlage für Ihre Strategie dar.
- Können mithilfe der TOWS-Matrix ermittelt werden.

**Threats, Opportunities, Weaknesses und Strengths (TOWS)**
Die TOWS-Matrix ist ein Management-Tool, mit dem die Gefahren (**T**hreats) und Chancen (**O**pportunities) aus den Aufgaben 5 und 6 den Schwächen (**W**eaknesses) und Stärken (**S**trengths) aus Aufgabe 2 gegenübergestellt werden können. Damit verbinden Sie erneut die umweltbezogene (Unternehmensumwelt, Konkurrenz, Kundenbedürfnisse) mit der unternehmensinternen Perspektive und sind nun in der Lage, fundiert strategische Stoßrichtungen und somit erste Grundideen der Strategie abzuleiten.

In der Theorie spricht man von vier unterschiedlichen Strategiearten:

- SO-Stoßrichtungen zur Nutzung der Chancen des Unternehmens unter Einsatz von dessen Stärken.
- ST-Stoßrichtungen zum Ausgleich bzw. zur Entschärfung von Umweltrisiken durch Besinnung auf die eigenen Stärken.
- WO-Stoßrichtungen mit dem Ziel, Chancen zu nutzen, indem Unternehmensschwächen abgebaut werden.
- WT-Stoßrichtungen zum Kompensieren von Schwächen und zur Reduktion von Risiken.

Für Sie als Kleinunternehmer ist es ausreichend, sich auf die SO- und WT-Stoßrichtungen zu konzentrieren. SO-Stoßrichtungen sind spannend, weil sie sowohl für Ihre Kunden als auch für Ihr Unternehmen die meist auch am ehesten spürbaren Veränderungen/Erfolge erzielen können. Andererseits helfen Ihnen WT-Stoßrichtungen, künftige Gefahren für Ihr Unternehmen erfolgreich abzuwenden und erkannte Schwächen zeitnah auszumerzen.

Um die genannten Strategien zu identifizieren, fragen Sie sich:

**Abb. 2.9** Eine TOWS-Matrix anhand eines Beispiels. (Eigene Darstellung)

Welche Stärken passen zu welchen Chancen? Für die Unternehmerin aus unserem Beispiel trifft die Chance, eine umfassende Unterstützung für Autoren anzubieten, auf ihre Stärke im Umsetzungsmanagement (Abb. 2.9). Daraus kann Frau Müller die strategische Stoßrichtung ableiten, ihr Angebot entsprechend auszuweiten und dies in der Kommunikation nach außen zu forcieren.

Für die Ableitung einer WT-Stoßrichtung müssen Sie sich fragen, welche Ihrer Schwächen auf eine Gefahr trifft. Für Nora Müller sind es beispielsweise ihre eingeschränkte Kapazität und mangelnde einschlägige Berufserfahrung, die auf die Gefahr treffen, dass sie in Abhängigkeit zu wenigen Autoren gerät und sie (potenzielle) Kunden an die Konkurrenz verliert. Frau Müller kann daraus die WT-Strategie ableiten, ihren Außenauftritt zu professionalisieren bzw. potenzielle Kooperationen anzustreben, um ihren Bekanntheitsgrad zu steigern.

**Aufgabe 7: So entwickeln Sie strategische Stoßrichtungen mithilfe einer TOWS-Matrix**

1. Erstellen Sie nach dem Vorbild in Abb. 2.9 eine Matrix mit nachfolgenden Feldern: Stärken und Schwächen auf der horizontalen Achse und Chancen und Gefahren auf der vertikalen Achse.
2. Tragen Sie die in den jeweiligen Analysen ermittelten Ergebnisse nun hier ein: Chancen und Gefahren sowie die übergeordneten Stärken und Schwächen aus den Aufgaben 5 und 6.
3. Stellen Sie Ihre Stärken den ermittelten Chancen gegenüber, indem Sie sich die Frage stellen: „Was muss ich machen, damit ich im Wissen um meine Stärken die künftigen Chancen am besten wahrnehmen kann?" Formulieren Sie daraus ca. fünf strategische Stoßrichtungen (sogenannte SO-Stoßrichtungen).
4. Stellen Sie Ihre Schwächen identifizierten Gefahren gegenüber, indem Sie sich die Frage stellen: „Wie muss sich unser Unternehmen verhalten, damit wir im Wissen um unsere Schwächen die identifizierten künftigen Gefahren bestmöglich vermeiden können?" Sie erhalten dabei weitere ca. fünf strategische Stoßrichtungen (sogenannte WT-Stoßrichtungen).
5. Halten Sie die Ergebnisse in den Feldern SO-Stoßrichtungen und WT-Stoßrichtungen fest, indem Sie bis zu acht kurze, aussagekräftige Sätze in Form von Handlungsanweisungen formulieren. Dies kann wie in unserem Beispiel sein „Ausweitung meines Angebotes: nicht nur Unterstützung bei der Texterstellung und Verlagssuche, sondern Gesamtbetreuung des Projektes" (siehe dazu auch Frey 2016, Abschn. 3.4).

**Strategisches Handeln im Alltag**

Sogenanntes TOWS-Denken können Sie auch in Ihrem Alltag gewinnbringend einsetzen. Die TOWS-Matrix verfolgt das Prinzip, persönliche oder unternehmerische Stärken und Schwächen mit den Chancen und Gefahren, die sich aus Ihrem (Unternehmens-)Kontext ergeben, zusammenzubringen. Diese Betrachtungsweise kann nachfolgende Fragen beantworten: Setze ich meine Stärken gewinnbringend ein? Gibt es Entwicklungen oder Veränderungen in meinem beruflichen oder privaten Umfeld, die ich zu meinen Gunsten ausnutzen könnte? Behindern mich meine Schwächen womöglich unnötig? Oder führen meine Schwächen zu einem bestimmten Risiko?

TOWS-Denken kann Ihnen zum Beispiel weiterhelfen, Ihre berufliche Situation von Zeit zu Zeit bewusst zu reflektieren. Einschneidende Entscheidungen wie eine berufliche Veränderung sind besser nicht impulsiv, nach reiner Lust und Laune zu treffen. Hierfür ist zielführend, den jeweiligen Kontext genauer zu analysieren: Welche wirtschaftlichen oder gesellschaftlichen Entwicklungen, die Ihre Branche betreffen, sind zu erwarten? Wie wird sich Ihr persönliches Lebensumfeld in den nächsten Jahren verändern? Was wird dabei wichtig sein/werden? Wenn Sie sich in einem Angestellten-Verhältnis befinden: Wie schätzen Sie die Zukunft Ihres Unternehmens ein? Wie stehen Ihre Möglichkeiten zur Weiterentwicklung, zu einem Aufstieg?

Selbstverständlich sollten Ihre Stärken und Schwächen und natürlich Ihre Interessen ebenso Teil dieser Entscheidung sein. Denken Sie daran, was Sie besonders gut können oder womit Sie Ihrem Unternehmen einen Mehrwert bieten können. Vielleicht haben Sie aber auch Talente, die Sie innerhalb Ihres Unternehmens nicht gewinnbringend einsetzen können? Wo liegen Ihre Schwächen? Was kostet Sie viel Mühe, was anderen wiederum viel leichter von der Hand geht?

In einer TOWS-Matrix führen Sie all diese wichtigen Parameter zusammen. Fragen Sie sich dabei, welche Ihrer Stärken auf eine Chance treffen könnte und welche Ihrer Schwächen durch entsprechende Umstände (= Gefahr) zum Risiko werden könnte. Die Zusammenführung dieser Innen- und Außensicht kann Ihnen helfen, wichtige Zusammenhänge zu erkennen. Sie erhalten dadurch wertvolle Hinweise für Ihre Orientierung und bewusste zukünftige Positionierung (vgl. Scheuss 2012, S. 48 ff.).

## 2.3 Ausarbeitung Ihrer Strategie

In den vorangegangenen Kapiteln haben Sie sich in aller Ernsthaftigkeit mit Ihrem Unternehmen und wichtigen beeinflussenden Faktoren beschäftigt. Die Ergebnisse dieser Analyse haben Ihnen bereits eine erste Idee davon gegeben, wohin Ihre Unternehmensreise gehen könnte.

Nun lade ich Sie ein, sich von dieser Ernsthaftigkeit und analytischen Herangehensweise ein wenig zu verabschieden. In diesem Kapitel ist es Zeit zum Träumen! Jetzt dürfen Sie an Ihren großen unternehmerischen Traum, an das womöglich fast Unerreichbare, denken. Es ist Zeit für Ihre große Vision!

Eine Vision macht klar, wohin Sie Ihre Reise als Unternehmer führt. Sie gibt Ihnen eine klare Richtung, die Ihnen hilft, strategische Entscheidungen zu treffen. Darüber hinaus hilft Ihnen Ihre Vision, Ihre bereits erarbeiteten Stoßrichtungen noch einmal im Hinblick auf die richtige Zielorientierung zu prüfen. Mit Ihrer Vision als Ziel können Sie nun kritisch hinterfragen, ob Ihre strategischen Stoßrichtungen zur Zielerreichung beitragen. Tun Sie das – wunderbar! Dann fehlt Ihnen eigentlich nur noch der detaillierte Maßnahmenplan! Stellen Sie allerdings Widersprüche in Ihrer Vision und den strategischen Stoßrichtungen fest, sollten Sie versuchen, diese zu bereinigen. Welche konkreten strategischen Stoßrichtungen unterstützen Ihre Vision nicht? In welchem Punkt? Welche Analyseergebnisse veranlassten Sie, diese strategische Stoßrichtung zu formulieren? Sind diese so kritisch, dass Sie Ihre Vision überdenken müssen? Oder sind sie zwar relevant und zu berücksichtigen, gefährden aber Ihre Vision nicht?

Sie sehen also, nun fügen sich die Dinge zusammen. Ihre Strategie wird rund. Sie stellen Ihre angestrebte unternehmerische Zukunft den Tatsachen der Gegenwart gegenüber und leiten daraus konkrete Maßnahmen ab. Dieses Kapitel unterstützt Sie dabei. Es hilft Ihnen, Ihren unternehmerischen Traum, Ihre Vision, zu konkretisieren und aufs Papier zu bringen. Außerdem fordert es Sie auf, Ihre Vision auf Ihre Realisierbarkeit hin kritisch zu prüfen. Ihre bisherige Analysearbeit kann Ihnen dabei entscheidend helfen! Beenden werden wir dieses Kapitel und damit auch Ihre Strategieentwicklung mit der Zusammenfassung aller notwendigen Maßnahmen in einem Maßnahmenplan, der Sie bei Ihrer Strategieumsetzung in den nächsten Jahren begleiten soll.

In diesen kommenden Jahren wird Ihnen Ihre Strategie

- eine klare Zielorientierung geben.
- Hilfe bei wichtigen unternehmerischen Entscheidungen sein.
- viel Identifikation und Motivation schenken.
- sehr viel Professionalität verleihen.

### 2.3.1 Ihre Vision – es darf geträumt werden

In einer Vision formulieren Sie Ihr großes Ziel, das Sie in zehn Jahren erreicht haben wollen. Dafür dürfen Sie sich ruhig etwas aus dem Fenster lehnen – eine der wichtigsten Funktionen einer Vision ist ihr Potenzial zur Motivation und Mobilisierung. Wenig ambitionierte Ziele erfüllen diese Funktion nicht in gleichem Maße wie sehr sportlich gesteckte Ziele. Als Bill Gates in den siebziger Jahren Microsoft gründete, dachte er nicht an einen prozentualen Marktanteil oder eine spezifische technische Innovation. Er wollte „a computer on every desk and in every home"(Beaumont 2008). Ähnlich ambitioniert ist es Jeff Bezos, der Gründer von Amazon, angegangen: „Our vision ist to be the earth's most customer centric company" (Entrepeneur 2008). Auch der IKEA-Gründer Ingvar Kamprad hatte ein großes Ziel: „To create a better everyday life for the many people" (IKEA 2016).

Auch wenn es z. B. als Schreiner nicht Ihr erklärtes Ziel ist, Möbel für die Allgemeinheit zu schaffen, um deren Alltag zu verbessern, bin ich mir sicher, dass es auch in Ihrer Nische ein ambitioniertes Ziel gibt, das sich zu verfolgen lohnt. Ergeben sich Ihre Ziele aus kleinen, wenig spektakulären Verbesserungen, ist es womöglich schwieriger, aber keinesfalls weniger wichtig, eine inspirierende Vision zu finden. Meiner Erfahrung nach sprechen Visionen von Kleinunternehmern oft direkt echte Kundenbedürfnisse an. So könnte sich ein cleverer und innovativer Metallbauer folgendes Ziel setzen: „Dort beginnen, wo andere aufhören!", oder der Schlüsseldienst könnte sich auf die Fahnen schreiben: „Wir sind für Sie da, wenn andere schon lange Feierabend haben!".

Nora Müller, der Unternehmerin aus unserem Beispiel, gelang es, mit ihrem Dienstleistungsangebot rund um die Unterstützung bei der Erstellung von Fachbüchern eine Nische zu finden, die das Bedürfnis ihrer Kunden nach der Realisierung eines eigenen Buches erfüllt. Dabei stellte sich für Frau Müller mehr und mehr heraus, dass ihr Unternehmenserfolg nicht allein von ihrer Sprachkompetenz, sondern ganz wesentlich auch von ihrer Fähigkeit abhing, diese Buchprojekte erfolgreich und zielführend zu managen und zu realisieren.

Frau Müller startete die Entwicklung ihrer Vision mit der einfachen Frage, worauf sie in zehn Jahren stolz sein möchte (Abb. 2.10). Dabei formulierte sie ihre wesentlichen strategischen Ziele. Danach versuchte sie festzulegen, welche Grundsätze dabei ihr Handeln prägen sollten.

Grundsätze oder Wertvorstellungen spielen bei der Entwicklung einer Strategie und insbesondere bei der Entwicklung einer Vision eine wichtige Rolle. Strategie und Vision können wesentliche Instrumente zur Motivation und Faszination

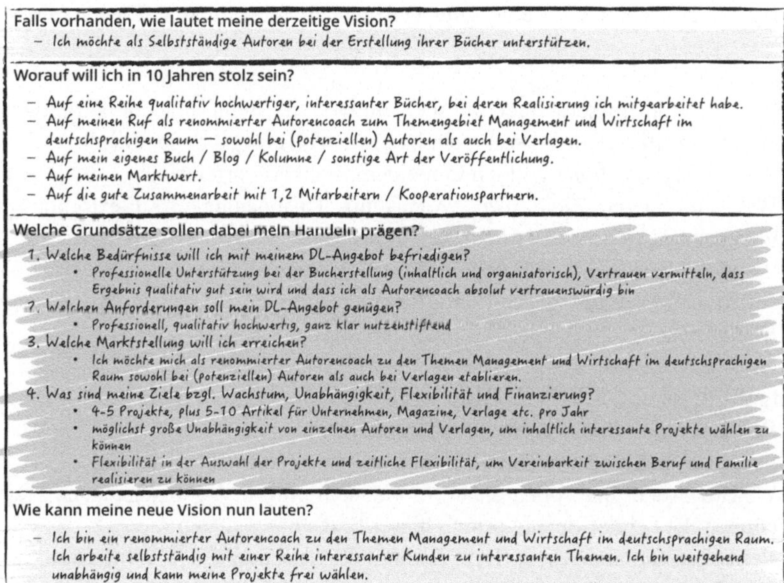

**Falls vorhanden, wie lautet meine derzeitige Vision?**

- Ich möchte als Selbstständige Autoren bei der Erstellung ihrer Bücher unterstützen.

**Worauf will ich in 10 Jahren stolz sein?**

- Auf eine Reihe qualitativ hochwertiger, interessanter Bücher, bei deren Realisierung ich mitgearbeitet habe.
- Auf meinen Ruf als renommierter Autorencoach zum Themengebiet Management und Wirtschaft im deutschsprachigen Raum – sowohl bei (potenziellen) Autoren als auch bei Verlagen.
- Auf mein eigenes Buch / Blog / Kolumne / sonstige Art der Veröffentlichung.
- Auf meinen Marktwert.
- Auf die gute Zusammenarbeit mit 1,2 Mitarbeitern / Kooperationspartnern.

**Welche Grundsätze sollen dabei mein Handeln prägen?**

1. Welche Bedürfnisse will ich mit meinem DL-Angebot befriedigen?
   - Professionelle Unterstützung bei der Bucherstellung (inhaltlich und organisatorisch), Vertrauen vermitteln, dass Ergebnis qualitativ gut sein wird und dass ich als Autorencoach absolut vertrauenswürdig bin
2. Welchen Anforderungen soll mein DL-Angebot genügen?
   - Professionell, qualitativ hochwertig, ganz klar nutzenstiftend
3. Welche Marktstellung will ich erreichen?
   - Ich möchte mich als renommierter Autorencoach zu den Themen Management und Wirtschaft im deutschsprachigen Raum sowohl bei (potenziellen) Autoren als auch bei Verlagen etablieren.
4. Was sind meine Ziele bzgl. Wachstum, Unabhängigkeit, Flexibilität und Finanzierung?
   - 4–5 Projekte, plus 5–10 Artikel für Unternehmen, Magazine, Verlage etc. pro Jahr
   - möglichst große Unabhängigkeit von einzelnen Autoren und Verlagen, um inhaltlich interessante Projekte wählen zu können
   - Flexibilität in der Auswahl der Projekte und zeitliche Flexibilität, um Vereinbarkeit zwischen Beruf und Familie realisieren zu können

**Wie kann meine neue Vision nun lauten?**

- Ich bin ein renommierter Autorencoach zu den Themen Management und Wirtschaft im deutschsprachigen Raum. Ich arbeite selbstständig mit einer Reihe interessanter Kunden zu interessanten Themen. Ich bin weitgehend unabhängig und kann meine Projekte frei wählen.

**Abb. 2.10** Erarbeitung einer Vision anhand eines Beispiels. (Eigene Darstellung)

sein – sowohl nach innen als auch nach außen. Eine Vision kann dazu beitragen, dass das Feuer, das Sie in der Gründungsphase Ihres Unternehmens in sich brennen spürten, auch nach Jahren der Routine wieder auflodert. Die Strategie wird Ihnen dabei helfen, Ihre Vision nicht aus den Augen zu verlieren. Für den Kunden schaffen Sie durch Ihre Zielorientierung und Ihr integres Verhalten ein klar fassbares Bild, das authentische Werte transportiert. Werte, die dazu beitragen können, dass Ihr Unternehmen als seriös, qualitativ hochwertig, innovativ und professionell eingeschätzt wird.

Ein klares Image vonseiten Ihrer Kunden setzt Ihr stimmiges Auftreten und Verhalten (= Authentizität) voraus. Ihre Werte und Ihr Verhalten müssen zusammenpassen. Besitzen Sie beispielsweise ein Bistro, das auf Nachhaltigkeit, hochwertige Produkte und Regionalität setzt, haben aber den Rotwein aus Kalifornien und das Bier aus Mexiko auf Ihrer Speisekarte, wird Ihre Glaubhaftigkeit darunter leiden. Für Ihr stimmiges Image ist es zuallererst wichtig, dass Sie sich Ihrer Unternehmenswerte bewusst sind. Dann sollten Sie sich darüber Gedanken machen, wie Sie diese Werte in Ihrem Handeln anwenden können.

Ihre Strategiearbeit ist eine gute Gelegenheit, dies zu tun. Fragen Sie sich beispielsweise:

- Welche Bedürfnisse will ich mit meinem Dienstleistungsangebot befriedigen?
- Welchen Anforderungen soll mein Dienstleistungsangebot genügen?
- Welche Marktstellung will ich in meinem Zielmarkt erreichen?
- Was sind meine Ziele bzgl. Wachstum, Unabhängigkeit, Flexibilität und Finanzierung?
- Welche Werte bzgl. Führung und Zusammenarbeit sind mir wichtig? Wie verhalte ich mich gegenüber Anspruchsgruppen (Kunden, Mitarbeitern, Konkurrenz)?

**Aufgabe 8: So entwickeln Sie Ihre Vision**

1. Versuchen Sie, Ihre derzeitige Vision zu formulieren.
2. Schreiben Sie nieder, worauf Sie in zehn Jahren stolz sein möchten.
3. Welche Grundsätze sollen dabei Ihr Handeln prägen? Vorangegangene Fragen können Sie bei der Beantwortung dieser Frage unterstützen.
4. Versuchen Sie nun erneut, Ihre Vision niederzuschreiben. Was möchten Sie in zehn Jahren erreicht haben?
5. Nehmen Sie sich nun erneut Ihre strategischen Stoßrichtungen zur Hand. Können Sie damit Ihre Vision umsetzen? Braucht es noch mehr dazu? Oder stehen sie gar im Widerspruch? Notieren Sie Ihre Überlegungen (siehe dazu auch Frey 2016, Abschn. 3.5).

Mit Aufgabe 8 haben Sie nun Ihre Strategieentwicklung beendet. Sie kennen Ihr großes Ziel und haben konkrete Ideen, wie Sie dieses erreichen können. Im letzten entscheidenden Schritt geht es um die Strategieumsetzung. Was müssen Sie nun konkret tun, um Ihr Ziel zu realisieren? Nachfolgendes Kapitel wird Sie dafür in die Pflicht nehmen.

### 2.3.2 Ihr Maßnahmenplan – nun muss gearbeitet werden!

Ich habe Ihnen eingangs versprochen, dass Strategiearbeit mehr ist als das theoretische Philosophieren über strategische Grundsätze, Marktentwicklungen oder das zu erwartende Kundenverhalten oder das Ausarbeiten schöner Strategiepapiere. Ich hoffe sehr, dass Sie bereits die vorangegangenen Kapitel von der Praxistauglichkeit von Strategiearbeit überzeugen konnten. Zweifeln Sie noch immer, dann werden

Sie spätestens nach diesem Kapitel wissen, was Strategiearbeit für Ihr Unternehmen konkret bedeutet. Unter anderen nämlich eine ganze Menge neuer To-dos!

Die Strategieumsetzung ist genauso wichtig wie die Strategieentwicklung und in der Praxis in vielen Fällen der Grund für das Scheitern von Strategien. Strategieumsetzung erfordert genauso wie Strategieentwicklung ein strukturiertes Vorgehen, Professionalität und Konsequenz.

Während sich in größeren Unternehmen aus den erarbeiteten Strategien in den meisten Fällen eine Reihe von Projekten, das heißt von umfangreicheren, komplexeren Aufgaben, ableiten lassen, ist es für Kleinunternehmer in den meisten Fällen ausreichend, einen einfachen Maßnahmenplan zu erstellen. Ein Maßnahmenplan fasst die notwendigen Aufgaben zusammen, priorisiert und versieht jedes To-do mit einem Verantwortlichen und einer zeitlichen Fristigkeit. Ausgangspunkt für das Ableiten von Maßnahmen sind die strategischen Stoßrichtungen bzw. die erarbeitete Vision.

Nora Müller formulierte in Ihrem Maßnahmenplan für jede ihrer strategischen Stoßrichtungen ganz gezielte To-dos (Abb. 2.11). Diese priorisierte sie nach Wichtigkeit und versah jedes To-do mit einem Endtermin und einem Verantwortlichen. Damit legte sie den Grundstein für eine professionelle Umsetzung ihrer Strategie.

**Aufgabe 9: So erarbeiten Sie Ihren Maßnahmenplan**

1. Erstellen Sie eine Tabelle nach dem Beispiel aus Abb. 2.11. Ihre Tabelle sollte mindestens jene Spalten enthalten: Priorisierung, Beschreibung der Maßnahme, Verantwortung, Endtermin
2. Formulieren Sie nun Ihre Maßnahmen/To-dos. Achten Sie darauf, konkrete Arbeitsanweisungen niederzuschreiben.
3. Priorisieren Sie Ihre Maßnahmen nach strategischer Relevanz/nach Wichtigkeit.
4. Versehen Sie jede Maßnahme mit einem Verantwortlichen und einem Endtermin.

**Strategisches Handeln im Alltag**

Sie kennen das sicher: Zahlreiche To-dos prasseln auf Sie ein, jedes super dringend und Sie finden nicht die Ruhe, sich ordentlich um Ihre Aufgaben zu kümmern. Ganz egal, ob im beruflichen Kontext oder im privaten – diese Situationen erleben wir wahrscheinlich alle mehr oder weniger regelmäßig. Manchmal ist es hilfreich, sich an diesen Tagen auf erprobte Techniken zu besinnen. Die sogenannte Eisenhower Matrix ist ein solches Hilfsmittel, das helfen kann,

| Priorität | Maßnahme | Wer | Bis wann? |
|---|---|---|---|
| | SO-Stoßrichtung 1: Ausweitung meines Angebots; nicht nur Unterstützung bei der Texterstellung und Verlagssuche, sondern Gesamtbetreuung des Projektes | | |
| | – Erstellung eines Angebots-Templates | | |
| | – Finden der Projektmanagement (= PM) Software | | |
| | – Erstellen eines Muster-Projektstrukturplanes (= PSP), Muster-Zeitplan | | |
| | – Erstellen einer Preisliste | | |
| | SO-Stoßrichtung 2: Transparentes Pricing | | |
| | – Kalkulationsmodule für verschiedene Angebots-Module erstellen | | |
| | SO-Stoßrichtung 3: Klare inhaltliche Stoßrichtung aufbauen | | |
| | – Bewusste, begründete Projektauswahl | | |
| | WT-Stoßrichtung 1: Kontakte zu Verlagen, anderen Autoren, Lektoren aufbauen | | |
| | – Recherche in Netzwerken und Plattformen | | |
| | – Eigenes XING- und LinkedIn-Profil aktualisieren | | |
| | – Netzwerk aufbauen und pflegen | | |
| | WT-Stoßrichtung 2: für einen professionellen Außenauftritt sorgen | | |
| | – Erstellung einer eigenen Website in Auftrag geben | | |
| | – Finden der Projektmanagement (= PM) Software | | |
| | – E-Mail-Signatur erstellen | | |

**Abb. 2.11** Erarbeitung eines Maßnahmenplans anhand eines Beispiels. (Eigene Darstellung)

Wichtiges vom Dringlichen zu unterscheiden und so Ihre Zeit und Energie sinnvoll einzusetzen.

Der frühere US-amerikanische Präsident, Dwight D. Eisenhower[2], soll einmal gesagt haben: „Ich habe zwei Arten von Problemen. Die dringenden und die wichtigen. Die dringenden sind nicht wichtig und die wichtigen sind nie dringend“. Eisenhower galt als Meister des Zeitmanagements. Auf ihn geht die in Abb. 2.12 dargestellte Matrix zurück, die helfen kann, Dinge zur rechten Zeit zu tun. Egal, welche Aufgaben auf Sie einprasseln, sortieren Sie sie zuerst immer in die Eisenhower-Matrix ein. Sie werden sehr schnell bemerken, dass Sie einen viel zu großen Anteil Ihrer Zeit mit Dingen verbringen, die zwar dringend, in Wirklichkeit aber nicht wichtig sind. Lassen Sie diese Dinge von anderen Personen erledigen! In Ihrem unternehmerischen Umfeld kann das bedeuten, dass Sie diese Aufgaben an Mitarbeiter delegieren sollten. Sie müssen sich nicht zwingend um jeden Lieferanten selbst kümmern, jeden Kunden persönlich betreuen oder eigenhändig die Kaffeemaschine reparieren. Auch im Privaten lassen sich viele Dinge mit weniger persönlichem Zeitaufwand lösen, wenn man seine Muster nur einmal hinterfragt: Bestellen Sie zum Beispiel Dinge des alltäglichen Gebrauchs im Online-Abo, erledigen Sie Ihre Bank-, Steuer- oder Behördengeschäfte online oder kaufen Sie sich einen Roboter-Rasenmäher.

[2]34. US-amerikanischer Präsident von 1953 bis 1961.

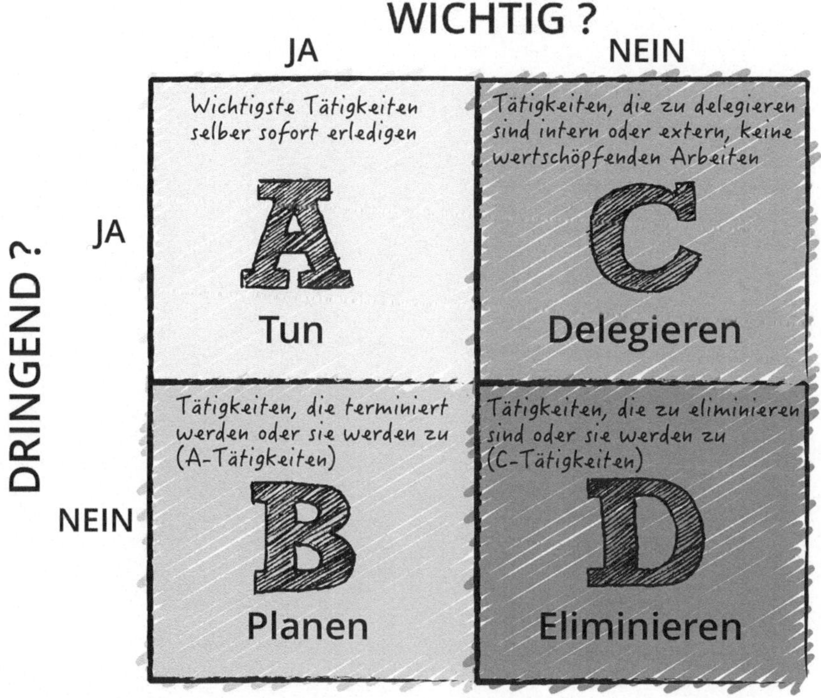


**Abb. 2.12** Eisenhower-Matrix. (Eigene Darstellung)

Kümmern Sie sich lieber um jene Aufgaben, die wirklich dringend und wichtig sind. Schieben Sie diese auch nicht auf die lange Bank, sondern erledigen Sie sie sofort. Überlegen Sie auch, wann Sie sich um Dinge kümmern werden, die wichtig, aber nicht dringend sind. Verpflichten Sie sich gleich zu deren Erledigung, indem Sie diesen Dingen einen Endtermin zuordnen (vgl. Krogerus et al. 2009, S. 10 f.).

# 3 Worauf es bei der Umsetzung Ihrer Strategie ankommt

Nach Entwicklung Ihrer Strategie und Ableitung der dafür notwendigen Maßnahmen stehen Sie nun am Beginn deren Umsetzung. Dabei ist konsequentes Arbeiten genauso wichtig wie eine gewisse Offenheit gegenüber unerwarteten Veränderungen und Flexibilität Ihren Zielen gegenüber. Eine Strategie ist immer dynamisch! Nehmen Sie sich aus diesem Grund Ihr Strategiepapier einmal im Jahr zur Hand und überprüfen Sie es auf Aktualität. Ist Ihre Ausgangssituation noch die gleiche? Sind neue Konkurrenten hinzugekommen? Sind neue Entwicklungen/Trends spürbar? Haben sich die Bedürfnisse Ihrer Kunden verändert? Dementsprechend besteht womöglich Überarbeitungsbedarf bei Ihren strategischen Stoßrichtungen und den daraus abgeleiteten Maßnahmen.

Nachfolgend finden Sie zusammengefasst noch einige Punkte, die Sie bei der Umsetzung Ihrer Strategie unbedingt beachten sollten:

- Arbeiten Sie aktiv mit Ihrem Maßnahmenplan: Kontrollieren Sie den Fortschritt Ihrer To-dos regelmäßig und vermerken Sie dort etwaige Änderungen. Können Sie beispielsweise einen definierten Endtermin nicht halten? Weisen Sie diesem To-do einen realistischen neuen Termin zu! Fallen aufgrund von Überarbeitungen Ihrer Strategie neue To-dos an? Ergänzen Sie diese in Ihrem Maßnahmenplan!
- Falls Sie nicht alleine an der Abarbeitung Ihres Maßnahmenplans arbeiten und Mitarbeiter in Ihrer Strategiearbeit eingebunden sind, suchen Sie regelmäßig das Gespräch mit ihnen und befragen Sie sie nach dem Fortschritt ihrer Aufgaben. Vergessen Sie wiederum nicht, etwaige Änderungen im Maßnahmenplan zu aktualisieren. Der Maßnahmenplan sollte für alle Beteiligten jederzeit einsehbar sein!



U. Frey, *Mit Strategie zum unternehmerischen Erfolg,* essentials,
DOI 10.1007/978-3-658-14833-1_3

- Eine einfache Möglichkeit, sich einen raschen Überblick über den Status seiner To-dos zu machen, ist die Kennzeichnung des Fortschritts der jeweiligen To-dos mit einer Farbe. Hier bieten sich die Farben der Ampel an: Grün steht für „abgeschlossen", Gelb bedeutet „in Arbeit" und Rot vermittelt weiteren Handlungsbedarf und steht für „offen". Fügen Sie dazu eine zusätzliche Spalte in Ihrem Maßnahmenplan ein, die Auskunft über den Fortschritt der jeweiligen To-dos gibt.
- Erfolgreiche Strategieumsetzung liegt in Ihrer Hand! Wenn Sie Mitarbeiter beschäftigen, ist es wichtig, diese in Ihre Strategiearbeit einzubinden. Kommunizieren Sie offen, was Sie vorhaben, und befragen Sie Ihre Mitarbeiter nach deren Ideen. Lassen Sie sie früh genug wissen, was auf sie zukommen wird. Erklären Sie ihnen, warum gewisse Veränderungen notwendig sind, und diskutieren Sie mit ihnen, was das für ihren Arbeitsalltag bedeuten wird.
- Unterschätzen Sie nie Ihre Vorbildfunktion! Seitens der Mitarbeitenden wird besonders kritisch hinterfragt, ob ein ausreichendes Eigeninteresse eine Rolle spielt bzw. ob die Führungspersonen bereit sind, sich selbst dem Wandel zu unterziehen. Dieser Skepsis können Führungspersonen durch vorbildliches Handeln im Sinne der Strategie aktiv begegnen.
- Strategieumsetzung bedeutet immer auch Veränderung! Die erfolgreiche Umsetzung von strategischen Zielsetzungen geht immer mit Veränderungen im Arbeitsalltag einher. Veränderungen erzeugen in vielen Fällen Befürchtungen, Ängste und häufig Widerstand. Für einen erfolgreichen Umsetzungsprozess ist es erfolgskritisch, diese Befindlichkeiten ernst zu nehmen. Gesicherte Erkenntnisse zeigen, dass der Schlüssel zum Erfolg in der Art und Weise der Einführung dieser Veränderungen liegt. Veränderungsvorhaben sind dann erfolgreich, wenn eine aktive Beteiligung aller Betroffenen erfolgt, damit die Neuerungen Bestandteil der eigenen Lebenswelt werden. Die Prozessgestaltung hat darauf Rücksicht zu nehmen (siehe dazu auch Frey 2016, Kap. 6).

# Was Sie aus diesem *essential* mitnehmen können

- Eine fertige Strategie für Ihr Unternehmen
- Klare Arbeitsanweisungen für die Umsetzung Ihrer strategischen Ziele
- Wissen über die Vorteile von strategischem Vorgehen
- Selbstvertrauen in Ihre unternehmerische Zukunft



U. Frey, *Mit Strategie zum unternehmerischen Erfolg*, essentials,
DOI: 10.1007/978-3-658-14833-1

# Literatur

Bandura A, Ross D, Ross SA (1963) Imitation of film – mediated aggressiv models. J Abnorm Soc Psychol 66:3–11

Beaumont C (2008) Bill Gate's dream. A computer in every home. http://www.telegraph.co.uk/technology/3357701/Bill-Gatess-dream-A-computer-in-every-home.html. Zugegriffen: 30. Juni 2016

Entrepreneur (2008) Jeff Bezos. The king of e-commerce. http://www.entrepreneur.com/article/197608. Zugegriffen: 30. März 2016

Frey U (2016) Vertrauen durch Strategie. Strategie in KMU einfach entwickeln und damit Vertrauen schaffen. Springer Gabler, Wiesbaden

Grannemann U (2013) Vier Phasen des Lernens. http://www.leadion.de/2013/01/23/vier-phasen-des-lernens/. Zugegriffen: 30. März 2016

IKEA (2016) Vision and business idea. http://www.ikea.com/ms/en_US/this-is-ikea/company-information/index.html. Zugegriffen: 30. März 2016

Krogerus M, Tschäppeler R (2009) 50 Erfolgsmodelle. Kleines Handbuch für Strategische Entscheidungen. Kein & Aber AG, Zürich

Santayana G (1905) The life of reason, Band 1, Reason in common sense. https://en.wikisource.org/wiki/Reason_in_Common_Sense/Chapter_XII. Zugegriffen: 30. März 2016

Scheuss R (2012) Strategie Tools: Richtung geben. Vorsprung sichern. Innovationen lancieren. Walhalla Fachverlag, Regensburg

 
U. Frey, *Mit Strategie zum unternehmerischen Erfolg*, essentials,
DOI: 10.1007/978-3-658-14833-1